Cómo Atraer a las Mujeres

*Disfruta el Tener Citas y Relaciones
Sin Mucho Esfuerzo!
Atrae a las Mujeres Sabiendo
lo Que Buscan en un Hombre
(Psicología Femenina para
Entender a las Mujeres)*

Ray Asher

Además, la información que figura en las siguientes páginas tiene fines exclusi-vamente informativos y, por lo tanto, debe considerarse universal. Como co-rresponde a su naturaleza, se presenta sin garantías sobre su validez prolonga-da o su calidad provisional. Las marcas comerciales que se mencionan se hacen sin consentimiento escrito y no pueden considerarse en modo alguno como una aprobación del titular de la marca.

Tabla de Contenido

Tu recurso gratuito está esperando

Para ayudarte de mejor manera, he creado un sencillo mapa mental que puedes usar _inmediatamente_ para entender, recordar rápidamente y usar fácilmente lo que aprenderás en este libro.

Haga clic aquí para obtener tu recurso gratuito

Po otro lado, aquí está el enlace:

https://viebooks.club/recursogratuito-mapamentaldecomoatraeralasmujeres

Introducción

Los hombres se han preguntado por el secreto de lo que se necesita para ser atractivo para las mujeres desde el principio de los tiempos. Han probado innumerables maneras, desde vestidos extravagantes y colonias pesadas, hasta frases de ligue y poner por delante falsos principios y mentalidades - una línea interminable de trucos y juegos para conseguir a la chica.

Nada de esto ha funcionado.

La razón por la que no ha funcionado es que en lugar de intentar entender a las mujeres y sus deseos, los hombres asumen que pueden hacerlo a escondidas con juegos y mentiras. Y la mayoría de las veces, terminan quemados.

He pasado mi vida aprendiendo, hablando y observando a las mujeres. Cuando empecé a salir, no tenía esperanzas. No entendía lo que las mujeres buscaban o lo que yo podía ofrecer para atraerlas. Pero después de estudiarlas y de probarlas, me di cuenta de que había ciertas reglas sobre lo que querían y a lo que responderían.

Yo era como muchos hombres. Infeliz, sin éxito con las mujeres. No sabía cómo coquetear, cómo hablar con las chicas o incluso cómo vestirme de manera que mis activos salieran a la luz. En muchos casos, traté de ser amigable y hablar con las mujeres de una manera más relajada, pero esto a menudo era demasiado sutil para que se dieran cuenta de que estaba interesado.

Pero ahora lo entiendo. **Y quiero compartirlo contigo.**

Voy a mostrarte exactamente lo que las mujeres encuentran atractivo. No sólo en el exterior, sino también donde realmente cuenta: en el interior. ¡Aprenderás a tener la primera cita perfecta en una relación en la que ella permanecerá atraída por ti!

El verdadero secreto es que no es tan difícil. Se trata de la mentalidad y la confianza y cómo ves el mundo y la oportunidad. *Eso* es lo que te hará más atractivo para las mujeres.

Así que, ¡comencemos!

Primera parte: Funda-
mentos

Capítulo 1: ¿Qué encuentran atractivo las mujeres?

Los hombres intentan todo tipo de cosas para intentar ser atractivos para las mujeres. Intentan usar frases de ligue y ropa que creen que las va a impresionar. Tratan de ser amables, ser malos y jugar juegos. Inventan historias y ganchos fingiendo ser alguien que no son.

Pero una y otra vez fallan y no entienden por qué nada funciona.

Es porque están haciendo lo que creen <u>que</u> las mujeres encuentran atractivo, en lugar de lo que <u>realmente</u> encuentran atractivo.

Cuando era más joven y estaba en la universidad, creía que sabía lo que las mujeres querían en los hombres. Yo también lo intenté todo. Las líneas de ligue, la bravuconería, incluso ser el chico bueno. Pero nada funcionó.

Entonces empecé a prestar atención y a notar lo que funcionaba para mí y para los demás. También presté atención a lo que no funcionaba. Hablé con las mujeres y mis amigas y con el tiempo (con mucho ensayo y error), descubrí exactamente qué era lo que hacía que las mujeres se sintieran atraídas por los hombres.

Así que, empecemos con lo externo.

Lo externo es subjetivo

Si crees que no eres guapo, abordemos eso primero.

El atractivo externo es subjetivo. Todo el mundo tiene una idea diferente de lo que es atractivo. Es la verdad, sea para hombres que para las mujeres.

Ya que eres un hombre, veámoslo desde tu perspectiva para entenderlo. No, a todos los chicos les gusta el mismo tipo de chica, ¿verdad? ¿Tus gustos son diferentes a los de tus amigos?

Personalmente, me gustan las mujeres altas, morenas y con curvas. No significa que no pueda apreciar a una mujer más baja o rubia en absoluto, pero a primera vista, el paquete físico total que me pone en marcha sin una palabra es del tipo de Angelina Jolie o Megan Fox. Me encanta el cabello, los labios y el cuerpo. Además, esa mirada oscura y ardiente realmente me gusta.

Ahora, he tenido discusiones con mis amigos donde nos sentamos y hablamos de los tipos de muejeres que nos gustan. Estoy seguro de que has hecho lo mismo con tus amigos con unas cuantas cervezas. Siempre me sorprendo cuando menciono mi tipo y otros tipos son negativos y dicen que para ellos no es asi. Entonces describen sus favoritos. Rubias, pelirrojas, bajas, con muchas curvas, delgadas. Todos tipos diferentes.

Lo que quiero decir es que todo el mundo es diferente y que pensar que nadie te va a encontrar atractivo, no es verdad. Hay alguien para todo el mundo. De hecho, hay muchos "alguien para todos".

A las mujeres no sólo les gusta el estereotipo de hombre alto y guapo con un *"six-pack"* (aunque tampoco lo rechazarán necesariamente). Después de hablar con algunas de mis amigas, lo que parece interesarles más es la atención, la diversión con sentido del humor, el trabajo duro, la motivación y la facilidad para llevarse bien con ellas.

Necesitas estar seguro de quién eres. Hasta que lo estés, no exudarás la confianza que necesitas para atraer a las mujeres.

Sólo porque no seas un modelo de GQ en el exterior, no te desesperes. Encontrarán que su mentalidad y su alma les atraen, y eso constituye una gran parte de lo que va a atraer a una mujer hacia ti.

No intentes compensar y encubrirlo

Hay ciertas cosas de ti mismo que no puedes cambiar, a menos que vayas a hacerte una cirugía plástica extensa. Puede que sientas que tu nariz es un poco grande, o que tus orejas son un poco pequeñas, o que no le gustan tus ojos o una docena de otras cosas.

Nos obsesionamos con este tipo de cosas y todo lo que hace es corroer nuestra confianza y hacernos inseguros.

Así que algunos hombres tratan de compensar esto por medios externos. Puede ser la ropa, o puede ser el aumento de volumen porque estás inseguro de tu caída de cabello. Sufrimos durante una década con las camisas de Ed Hardy y joyas de oro como prueba. Esta sobrecompensación es a menudo conocida como "pavo real".

Así que no intentes añadir joyas y accesorios para "crear" tu personalidad. Las mujeres ven a través de esto. Es diferente si es orgánicamente parte de lo que eres. **Las mujeres pueden notar la diferencia.**

Imagina a dos tipos con chaquetas de cuero para motocicleta. El primer tipo tiene una nueva, sin pliegues y le queda perfecta, abotonada, en modo tal que parece más un modelo que un verdadero hombre.

Ahora nuestro segundo tipo entra con su chaqueta desgastada. En realidad le queda bien porque se la ha puesto, así que el cuero se forma en su cuerpo en algunos lugares. Casi parece una extensión de él en lugar de una chaqueta.

¿Por quién crees que la mujer se va a sentir atraída? ¿El guerrero de fin de semana que probablemente nunca ha tocado una motocicleta o el tipo que parece haber estado en algunas aventuras serias y tiene historias que contar?

Sí, exactamente. Creo que entiendes mi punto.

En la clásica serie de televisión *"Casado con hijos"*, Bud Bundy creaba un nuevo personaje para la escuela cada año. En un episodio, le mostraron colgando su último disfraz con todos los fracasados que se había probado en el pasado. Aunque se hizo para la comedia televisiva, no está muy lejos de la verdad.

No sé cuántos chicos de los suburbios he visto tratando de fingir que eran chicos de hip hop, chicos que fingían ser de las fuerzas especiales, incluso vestidos con camuflaje u otra ropa de estilo militar. Incluso recuerdo a un chico de mi instituto que afirmaba que había entrado en un programa de aceptación anticipada (¡a los 17 años!) para los Navy Seals, aunque no se había enlistado.

La conclusión es que no va a funcionar. O bien se darán cuenta en ese momento o lo descubrirán poco después. Acabas de crear una relación basada en mentiras que tendrás que mantener para conocer a esta mujer.

Rasgos físicos que atraen a las mujeres

Ok, primero que nada, hay algunos rasgos físicos que las mujeres encuentran atractivos, y en su mayor parte, los tienes o no los tienes.

No te preocupes por eso. Piénsalo de esta manera: hay ciertas cosas sobre las mujeres que para la mayoría de los hombres son universales. ¿Labios bonitos, pechos bonitos, trasero bonito? Sí, son geniales, pero no todas las mujeres los tienen todos y de ninguna manera vas a dejar pasar a alguien porque no lo tiene todo.

Lo mismo sucede con las mujeres. Claro que hay ciertos atributos físicos que   atraen a las mujeres visualmente, pero muy rápidamente pasan de largo y buscan más cosas internas.

Si tienes estas cosas, ¡genial! Acentúalas, hazlas más visible. Si no, está bien, pronto llegaremos a cosas más importantes.

Piernas largas

Un estudio de la Royal Society Open Science reveló que las mujeres están programadas en un nivel primario para buscar hombres sanos con el fin de proporcionarles una descendencia fuerte. Lo hacen observando las proporciones del cuerpo, incluyendo la longitud de sus piernas.

Cuando a cientos de mujeres del estudio se les presentaron imágenes de diferentes tipos de cuerpo, lo que les preocupaba era la longitud de las piernas. Los científicos teorizaron que era porque los tipos de cuerpo en cuclillas podían ser sinónimo de enfermedades como la diabetes o las enfermedades cardíacas y, en un nivel primario, su atracción las estaba llevando hacia un hombre más saludable. [1]

Una voz profunda

Según estudios científicos, las mujeres se sienten atraídas por las voces profundas porque las asocian subconscientemente con una presencia física más fuerte. Esto desencadena su necesidad evolutiva de ser protegidas y las excita mucho. Hay una razón por la que las canciones de Barry White hacen lo que hacen.

Altura y tamaño

A muchas mujeres les gusta un tipo grande al que tienen que admirar. En un nivel primario, se sienten seguras y protegidas, y esto definitivamente hace a un hombre atractivo. Para algunas mujeres, esto también puede significar músculos o incluso grasa, pero yo sugeriría lo primero si lo tienes.

Puede que no tengas la altura, pero al menos asegúrate de presentarte con confianza y mantenerte firme. ¡Tira esos hombros hacia atrás! Asegúrate de que eres agradable y alto con una postura fuerte. No hinches demasiado el pecho, o parecerás engreído y falso.

Estar en forma

A las mujeres les gustan los hombres delgados y musculosos. Hay quienes se sienten atraídas por los grandes culturistas, pero eso es un gusto personal.

A la mayoría de las mujeres les gusta un cuerpo delgado y musculoso con un cono en forma de V. Pista: Las mujeres aman las líneas alrededor de tu cintura y tus abdominales. Si puedes crear la V que apunta hacia abajo, has dado en el clavo con esto.

Comportamiento higiénico

He tocado el tema de la higiene unas cuantas veces, incluso en mi libro *Cómo Hablar con las Mujeres*, pero es muy importante. Una mujer encuentra atractivo a un hombre cuando se cuida, sabe cómo limpiarse y se enorgullece de su apariencia. No tienes que parecer un modelo masculino con cada pelo y bigote en su lugar, pero tener un sentido del orgullo y mantenerse presentable es muy importante para la atracción.

Una gran sonrisa

¿A quién no le gusta una gran sonrisa? Nadie quiere salir con alguien que frunce el ceño todo el tiempo.

¡Asegúrate de mantener los dientes limpios y blancos! Pero no te pases con el blanqueo químico; podrías brillar en la oscuridad.

Antebrazos

¿Sabías que los antebrazos son una de las cosas más sexys que las mujeres observan en un hombre? Es verdad. Muestra la fuerza y el poder de un hombre.

Siempre puedes ir al gimnasio y aumentarlos. Una vez que lo hagas, asegúrate de remangarte las mangas para lucirlos. Pero no te pases con las pesas. A las mujeres les gustan los músculos magros, no los voluminosos, y muy pocas personas encuentran atractivas esas venas abultadas.

Los hombres que parecen un poco mayores

Los psicólogos han determinado que las mujeres suelen preferir a los hombres de más edad (excepto los pumas, pero tendrás que consultar ***Cómo Coquetear con las Mujeres*** para obtener más información sobre ese tema). El razonamiento es que en un nivel primario lo ven como un apoyo, así como el hecho de que los hombres son fértiles durante un período de tiempo más largo, para que puedan tener éxito y aún así tener hijos más tarde en la vida.

Rastrojo

A algunas mujeres les gustan las barbas, y a otras les gustan los hombres bien afeitados. Por lo general, caen a un lado u otro de la valla, pero curiosamente, a casi todas las mujeres les gusta la barba.

Un estudio australiano demostró que de cuatro tipos de vello facial -limpio, rastrojo, rastrojo pesado y barba completa- la mayoría de las mujeres dijeron que el estilo más atractivo era el rastrojo pesado. Los científicos determinaron que les daba una sensación de madurez, masculinidad y dominio. [2]

Pista: Si te gusta el aspecto de la barba, consigue una crema especial para la barba. La mantendrá agradable y suave cuando la frote.

¿Por cuales comportamientos se sienten atraídas las mujeres?

Tan importante como la apariencia física, también es cómo eres por dentro; lo que interesa a las mujeres. Por lo tanto, la forma en que te comportas e interactúas con ellas es de vital importancia.

Comportamiento estable

A las mujeres les gusta saber en el fondo que si terminan contigo, vas a cuidar de ellas o al menos trabajar con ellas para crear un ambiente donde puedan estar seguras y crecer.

Esto significa que una de las cualidades que busca es que seas estable en tu manejo del mundo así como en las finanzas. Quiere saber cómo manejas las cosas que se te presentan.

Le gusta ver que eres equilibrado y que no pierdes los estribos o tratas injustamente a la gente. Quiere saber que no eres impredecible cuando se trata de tu reacción. Quiere que seas espontáneo en lo que respecta a una cita divertida, pero no quiere que seas impredecible y hagas un berrinche porque tu vino fue abierto incorrectamente.

También quiere saber que eres estable con tus finanzas. Que sabes ahorrar y no ser frívolo con regularidad. Que no malgastas el dinero o lo gastas en cosas que no necesitas.

Te mueves con calma

Quieren ver que puedes estar tranquilo en cualquier momento. Las mujeres encuentran atractivos los movimientos lentos, calculados y deliberados. Te perciben como alguien más seguro y relajado.

Si eres un tipo más grande, sé muy consciente de tus movimientos. Como hombre más alto y con algo de músculo, sé que los pequeños movimientos para mí pueden tener grandes consecuencias. Por ello te aconsejo que tengas cuidado.

Un compartidor... a un punto

A las mujeres les gusta un hombre que comparte, pero no demasiado.

Les gusta que les cuentes un poco sobre tu día, pero no quieren oír cada detalle o las emociones internas con las que estás tratando. Si algo te molesta de verdad y estás en una relación, las cosas obviamente cambian un poco, pero lo discutiremos en la tercera parte del libro.

También quieren que compartas experiencias reales. Un bocado de tu comida o bebida es genial, siempre y cuando no lo fuerces y te asegures de preguntar si está bien antes de empezar. Quieren tener esa conexión culinaria en ese momento. Es una gran manera de expandir esa química.

Encantador

Hay una diferencia entre el encanto y la confianza. La confianza es lo que eres, y el encanto es la forma en que lo demuestras. El encanto es realmente hacer que la gente se sienta completamente a gusto cuando habla contigo.

A las mujeres les gustan los hombres que se sienten cómodos tratando con ellas. Ahora, esto no se trata de ser un jugador y saber decir cada pequeña cosa que hará que sea tuya. El encanto se trata de ser amable, saber cómo hacerla sentir cómoda y cómo ser divertida para estar cerca.

Un verdadero sentido del humor

Estoy seguro de que tienes un amigo que cree que es un comediante. Puede que sean graciosos, pero cuando se juntan, a veces parece que lo estás viendo en el escenario de un club de comedia en lugar de pasar el rato. De repente es como si todas las luces estuvieran sobre él.

Aunque esto puede ser entretenido, por un momento, en su mayor parte, no es lo que las mujeres buscan en el sentido del humor. Las mujeres quieren un hombre que pueda convertir una frase de una manera divertida e inteligente. Tal vez con alguna insinuación o burla. Quieren que se sienta orgánico y sea parte de la diversión, no como si estuvieran sentadas en primera fila y les contara chistes un cómico.

Una mentalidad positiva

Este es un tema que discuto ampliamente en *Cómo Hablar con las Mujeres*. Necesitas tener una mentalidad positiva de que las mujeres quieren estar cerca. Puedes ser uno de muchos tipos, pero la conclusión es que debes tener confianza, estar seguro de ti mismo y no ser negativo.

¿Qué es lo que no quieren las mujeres?

Inseguridad

Las mujeres aman la confianza, y odian la inseguridad, y esta puede manifestarse de muchas maneras.

- **No puedes mantener contacto visual con ella**. ¡Ella no va a hacer una conexión contigo o se sentirá atraída por ti si no puedes mirarla a los ojos! Ella no ve esto como algo lindo; lo ve como una debilidad emocional.
- **Parecer nervioso.** Esto significa que no estás seguro de ti mismo y una mujer va a

ver e sto como un signo de falta de confianza.

- **Diciendo que no le gustarías.** Esto es poner tu miedo en palabras y dárselo a ella. Si ella tenía alguna duda sobre tus inseguridades, ya se han ido. ¡No te saboteés!

- **No siendo tú mismo.** Si no expresas quién eres realmente y tratas de encubrirlo o de poner una fachada falsa, ella va a ver esto como no tener confianza en quién eres. Las mujeres quieren hombres que se sientan cómodos en su propia piel y con su personalidad.

- **Presumiendo.** Sabe que estás tratando de impresionarla y de fortalecerte. Cuanto más lo hagas, más inseguro se dará cuenta de que eres.

- **Estar físicamente tenso o inquieto**. Es un signo de nervios y de falta de confianza. Es difícil hacer una conexión, y es realmente una distracción. Respira hondo y cálmate.

- **Siendo pegajoso.** A las mujeres les gusta la atención, pero no quieren que seas tan inseguro que sientas que tienes que estar encima o alrededor de ellas. Es una señal de que no crees que eres lo suficientemente bueno para mantenerla y eventualmente la alejará.

- **Siendo demasiado agresivo.** A las mujeres les gustan los hombres que se hacen cargo, pero hay una clara diferencia entre eso y ser demasiado agresivo. Necesitas no presionar y estar atento a cómo reacciona. No la presiones en una conversación sexual antes de que esté lista o esperes que reaccione de cierta manera. Todo esto hará que se despida.

- **Estar celoso.** Ya sea cuando la conoces o después de que hayas empezado a salir, la mayoría de las mujeres no quieren verte actuando celoso por otros hombres a su alrededor. Es una clara señal de que eres inseguro. Y si empiezas a mostrarlo de inmediato, es espeluznante.

- **No ver quién es.** Las mujeres quieren que veas quiénes son por dentro, no sólo la superficie. Cuando se trata de regalos, quieren saber que has pensado en algo. No sólo le compraste flores porque eso es lo que haces, sino margaritas porque son sus favoritas. Quieren que entiendas que ellas también tienen una vida, metas y sueños y que las respetes por eso.

Las groserías

No tienes que tener los modales de un señor británico de la época victoriana, pero debes recordar cosas tan simples como decir "por favor", "gracias" y "perdón". También es mejor guardar cualquier concurso de eructos y pedos con tus amigos para lugares más privados. Incluso las mujeres que aprecian ese tipo de humor no quieren oírlo en público. Sólo harás que se avergüencen de estar cerca de ti. Además, asegúrate de que tus amigos también se preocupen por sus modales. Las mujeres te juzgarán en base a la compañía que tengas.

Crudeza

Esto no es tan diferente de la grosería, excepto que en este caso, estoy usando "cr" para referirme a todas esas bromas y gestos abiertamente sexuales que a los chicos les gusta hacer entre ellos. Honestamente, estos chistes y gestos no siempre son apropiados sólo para los hombres, y mucho menos para las mujeres. Si tienes algún pensamiento inapropiado sobre las mujeres, las partes privadas, etc., guárdatelo para ti. Como con las groserías, incluso si una mujer tiene ese tipo de humor, puede que no le guste escucharlo en público, especialmente cuando se encuentra contigo por primera vez.

Insensibilidad

No digo que tengas que llorar a la primera, no deberías hacerlo, ya que las mujeres tampoco quieren hipersensibilidad. Aún así, tampoco seas un frío y despiadado hijo de perra. Si alguien se tropieza y cae cerca de ti, muestra un poco de compasión y pregunta si está bien, tal vez incluso ofrece ayudarles a levantarse. Si una pelea estalla cerca de ti, no te pongas de parte de nadie ni los alientes. Si es posible, ayuda a disminuirla. Si un niño está llorando, no actúes molesto ni te desanimes. Por lo menos, entiende que el padre o los padres están haciendo todo lo posible. Si puedes, trata de ayudar. La insensibilidad y la falta de compasión son los peores rasgos que una mujer puede encontrar en un hombre, junto con la inseguridad. Si no pueden contar contigo por compasión y simpatía, nunca podrán abrirse a ti emocionalmente.

Capítulo 2: El chico bueno

¿Este eres tú? ¿El chico bueno?

¿Te esfuerzas por complacer a una mujer y darle todo lo que quiere? ¿Pones tus propias necesidades y deseos a un lado para dar a las mujeres lo que dicen que necesitan, sólo para ser puesto en la friendzone? ¿Estás constantemente fallando con las mujeres a pesar de que sientes que les estás dando exactamente lo que quieren?

Alguna vez, las mujeres siempre decían que querían un chico bueno, **pero ¿en serio lo quieren?**

No, no lo quieren. Quieren un Buen Tipo, y hay una gran diferencia.

¿De dónde vienen los chicos buenos?

Muchas veces, los chicos buenos son creados en su infancia. Puede que no tengan la misma actitud que otros chicos, con el impulso de ir tras lo que quieren. Tal vez son más pequeños o menos masculinos, o que sienten que no son tan atractivos como otros chicos.

A veces, es un comportamiento aprendido que proviene de sus padres, a menudo sus madres. Cuando son niños, se les enseña que obtendrán más siendo "chicos buenos" y siendo agradables y no desagradables. Se les enseña que al ir tras lo que quieren, en realidad están siendo malos o causando trastornos.

A medida que crecen, estas lecciones están arraigadas en los chicos, y comienzan a usarlas en su vida amorosa. Si hizo feliz a mamá, debe funcionar para las mujeres en general, ¿verdad? Puede funcionar una o dos veces para reforzar lo que creen, pero la mayoría de las veces, la mujer demostrará que no está interesada en llevar esta relación al siguiente nivel.

Sin embargo, la esperanza es eterna incluso con los chicos buenos. Siempre son optimistas cuando se trata de conseguir lo que quieren.

Así que, si después de sus buenas acciones no tienen la chica, sólo piensan que fue la situación equivocada. En algunos casos, pueden actuar con amargura, e incluso equivocarse en la situación. Incluso pueden tirar a la basura la amistad con la chica, actuando como si no les importara. Esta no es la manera correcta de hacer las cosas. A veces, simplemente si no funciona con una chica, esto no significa que lo tires todo por la borda. Tal vez la próxima vez funcione mejor. Y lo intentan una y otra vez, y el círculo vicioso continúa.

Ser un chico bueno es en realidad tóxico

Si eres un chico bueno que tiene problemas para salir con mujeres, probablemente estés muy confundido. Sientes que lo haces todo bien, pero en realidad, no tienes absolutamente ningún éxito. Y cuando conoces a una mujer y sales un par de veces, se acaba antes de que todo se ponga serio. ¿Por qué?

Porque los chicos buenos son en realidad muy egoístas!

Un chico bueno actúa por razones personales que a menudo se ocultan a las mujeres con las que interactúa. Estas razones pueden volverse muy tóxicas. Los chicos buenos tienen una confusión interna todo el tiempo.

- Se sienten menospreciados porque dan y dan y no reciben un retorno de su "linda inversión".
- Arreglan los problemas de otras personas y pueden molestarse cuando no es recíproco, aunque la otra persona no tenga idea de que lo querían.
- Buscan constantemente la aprobación de los demás en lugar de estar seguros de sí mismos.

- Tienen el impulso de hacer las cosas de manera correcta para ganar la aprobación, en lugar de la autoestima.

- Reprimen sus sentimientos porque no quieren molestar a la gente y perder su estatus de chico bueno.

- No pueden hacer de sus necesidades una prioridad, lo que lleva a una falta de auto-suficiencia.

- En realidad están siendo deshonestos y poco sinceros porque ocultan sus sentimientos y errores y dicen lo que creen que la gente quiere oír en vez de la verdad.

- Pueden ser muy pasivos y agresivos y en realidad mantienen la rabia hasta que explota, dañando las relaciones.

"Asegura tu propia máscara primero"

¿Alguna vez has estado en un avión y pasan por el simulacro de seguridad antes de despegar? Y cuando llegan a esas máscaras, ¿qué es lo que siempre dicen?

"Asegura tu propia máscara primero y luego ayuda a la otra persona".

Es lo mismo con las citas. Si no estás seguro y feliz y consigues lo que necesitas, ¿cómo puedes hacer lo mismo por ella? Necesitas mirar y ver lo que alguien te ofrece.

Suena superficial, pero no lo es. ¿Por qué querrías estar en una relación con una mujer en la que no obtienes lo que necesitas de ella? No importa si es sexo, comunicación o sólo apoyo emocional. Tienes que crear la mentalidad para que entiendas que tienes necesidades y si estás con ella, tienes que satisfacerlas.

No digo que debas romper con ella si no te frota los pies todas las noches. Pero mereces felicidad básica, respeto y satisfacción desde el principio.

Un chico bueno no pensará de esa manera. Se pondrá la máscara como todos los demás en el avión antes que a él y no entenderá por qué se siente mareado. Se enojará porque se ocupó de los demás y ellos no se ocuparon de él.

La mentalidad del chico bueno

En el exterior, el chico Bueno y agradable parece... bueno, ¡agradable! Pero por dentro, hay muchas cosas que están pasando, y la mayoría no son muy agradables. Dentro de su cerebro, existe una vorágine de miedo, ira y agresividad pasiva.

- Piensan que si son amables con todos, todos los amarán.
- "Si satisfago las necesidades de los demás sin que tengan que pedirlo, ellos corresponderán y harán lo mismo por mí".
- "Si lo hago todo de una manera feliz y agradable, todo me saldrá bien."
- Harán casi cualquier cosa por los demás, dejando su propia vida en ruinas.
- Dejan que otras personas los pisoteen porque no quieren ser acusados de ser problemáticos.
- Nunca dirán "No", por mucho que sea una imposición.
- Buscan la aprobación de otras personas por su autoestima.

- Ponen los deseos y necesidades de los demás antes que los suyos propios.
- Los chicos buenos tienden a minimizar su naturaleza masculina para intentar acercarse a la gente.

El problema es que al hacer esto, estás dando tu poder a otras personas y fuerzas "invisibles" como el destino.

¿Y qué pasa cuando las cosas no funcionan? Te quedas con la bolsa en la mano y te sientes impotente, pero creaste las cosas de tal manera que necesitabas interactuar con la gente para tu felicidad, y no querrán estar cerca de ti.

¿Qué piensan las mujeres de los chicos buenos?

También tenemos que ver cómo las mujeres ven a estos chicos buenos. Muchos "chicos buenos" son notorios por pensar que las mujeres les deben algo (y ese algo es generalmente el sexo), sólo por ser amigos de ella. No tienen ningún interés en ser sólo amigos de esa chica. Una cosa a tener en cuenta entre los círculos femeninos es que los chicos Buenos son vistos con la idea de "si dice que es un chico bueno, no lo es".

No hace mucho, algunos de mis amigos y yo salimos a tomar un par de copas después del trabajo. Había una buena mezcla de hombres y mujeres, así que las discusiones se volvían muy animadas a veces. En algún momento, la conversación se centró en las citas y las relaciones. Uno de mis amigos varones que parecía tener mala suerte en esa área le preguntó a nuestras amigas: "He estado saliendo con esta chica desde siempre". Dejo todo por ella, escucho sus problemas, la ayudo a hacer recados cuando me lo pide, pero lo único que hace es dejarme en la friendzone. ¡Y ahora está viendo un traje! ¿Qué diablos? ¿Por qué no querría salir conmigo? ¡Soy un chico bueno!"

Algunos de nuestros amigos varones estaban de acuerdo con él, pero yo me acobardé mucho. ¿Las mujeres? Si las miradas pudieran matar, habría habido cargos por cinco asesinatos esa noche. Afortunadamente, una de nuestras amigas más sensatas le dijo con calma: "Frank, te queremos, pero tienes que superarlo". Si realmente te importa esta mujer, deberías estar contento de ser su amigo. ¿Ser su amigo no es mejor que nada? ¿Y qué hay de nosotros? ¿Estás enojado por estar en la friendzone con nosotros? Y noticia de última hora, sólo porque hayas sido amable con ella no significa que te deba algo. Tú eres la razón por la que las mujeres no pueden decir que quieren un chico bueno nunca más. Dices que eres un chico bueno, pero no lo eres".

Fue una gran bofetada para todos los hombres de allí. Aunque ya sabía que no debía decir algo así, sus palabras me afectaron profundamente. ¿Por qué mi amigo menospreciaba su amistad con una mujer sólo porque quería acostarse con ella? Desde esa noche, no se ha quejado ni una sola vez de que lo pusieran en la friendzone o de que fuera un "chico bueno", y por lo que puedo decir, sigue siendo amigo de esa mujer. Sólo el tiempo dirá si sigue siendo un chico bueno reformado.

Más y más mujeres se están dando cuenta de la verdad sobre los autoproclamados "chicos buenos", y no les está gustando. El término se está volviendo tan temido como la frase "friendzone", si no más.

¿Qué es el "buen chico"?

Ahora voy a echar parte de la culpa de esta situación a los pies de las mujeres. ¿Cuántas veces has oído a una mujer decir algo como "¡Si pudiera conocer a un buen chico!" y luego salen con el buen chico y son completamente infelices? Entonces, ¿qué es lo que dicen? "¿Por qué no puedo conocer a un buen chico..."

El problema es que están confundiendo al chico bueno con el buen chico, que es lo que quieren. Lo que las mujeres quieren es un buen chico, alguien que las trate bien, alguien que esté ahí para consolarlas, ayudarlas, estar a su lado.

A lo largo de los años, el término "buen chico" ha cambiado de significado. Solía ser lo que pensamos de un buen tipo. Pero ahora, es más bien alguien que pretende ser amable pero que piensa que las mujeres le deben algo. Los hombres fueron los que empezaron a cambiar el término, y para las mujeres, mezclar los dos términos podría ser una gran razón por la que no encuentran el tipo de hombre que realmente quieren. Afortunadamente, las mujeres están empezando a darse cuenta de lo buenos que son los hombres ahora, así que quizás pronto aprendan lo que es un buen hombre.

Un buen chico es dos cosas. Primero, es un hombre que trata a una mujer con respeto, honestidad y pasión. Segundo, es un buen candidato para una mujer porque tiene las cualidades masculinas que van a cumplir y hacer feliz a una mujer.

Un buen chico tiene sus cosas claras y es seguro y autosuficiente. Tiene una mentalidad positiva y una vida equilibrada. Es responsable y genuino, que es lo que las mujeres realmente buscan.

Entonces, ¿en qué es diferente un buen chico?

- Trata a una mujer con respeto y tiene una comunicación abierta. No espera que ella le lea la mente y no hace las cosas esperando reciprocidad o algún contrato silencioso que lo cumpla internamente.

- Es reflexivo, pero no es autoritario ni asfixiante. Sabe cómo dar a una mujer el espacio que necesita, pero también cuándo estar ahí para ella.

- No hace trampas ni juega juegos manipuladores. Es maduro y la trata de la misma manera.

- Le hace saber a su mujer que es deseada y querida pero no la asfixia.

- No es cruel, incluso cuando están peleando. Sabe tener un argumento inteligente que lleva a arreglar las cosas, no sólo a tratar de lastimarse.

- Hace que una mujer se sienta segura y protegida. No se trata sólo de protección física, sino de dar apoyo a una mujer para que pueda ser la persona que quiere ser.

- Hace planes pero no la manda. Es decisivo, pero tiene en cuenta los intereses y sentimientos de la mujer.

- Hace las cosas porque quiere que las mujeres sean felices con él, no porque esté intentando sacarles algo.

- Él ve potencial y no sólo está buscando muescas en su cama. No está tratando de usar su estatus de "chico bueno" sólo para llevar a una mujer a la cama. Esta relación puede no ser para siempre, pero no busca otras opciones mientras está con una mujer.

- No devalúa la amistad que tiene con la mujer. Sabe que esto es importante, no sólo una forma de obtener algo de la mujer (como el sexo).

¿Cómo puedes cambiar tus hábitos de chico bueno?

La buena noticia es que puedes romper este ciclo.

- Primero y principal, date cuenta de que tu **felicidad necesita venir de dentro**. No puedes confiar en las acciones de los demás para satisfacerte. Acostarse con mil chicas no te satisfará, ni el dinero ni muchas otras cosas. Tienes que entender eso. Recuerda, la mujer no te debe nada sólo por ser tu amiga. Sólo porque seas amable con ella, no significa que tenga que acostarse contigo. Convertirse en su amigo puede terminar siendo lo mejor que te pase y puede convertirse en una de las relaciones más significativas de tu vida, incluso si no va donde planeaste originalmente.

- **Aprende a decir "No".** Necesitas establecer límites y entender que no puedes (y no deberías) ser todas las cosas para todas las personas.

- **Ocúpate primero de tus propias necesidades.** Esto no significa ser egoísta, pero como dije antes, tienes que ponerte tu propia máscara antes de poder ayudar a los demás.

- **Asume la responsabilidad**. Entiende que al hacer demandas no expresadas a otros, estás siendo tóxico, injusto y mezquino.

- **Sé conciso en la conversación.** Haz pequeñas preguntas y directas al punto. No intentes complacer a la gente con halagos o hablando mucho cuando consigues información. Sé directo y anda al grano, pero agradable.

- **No busques la aprobación externa.** Necesitas encontrar tu aprobación dentro.

No puedes basar tu valor en lo que otros (especialmente las mujeres) piensan de ti.

- **Tener metas y no ignorarlas para ayudar a los demás.** Sé amable y comprensivo y ayuda cuando puedas, pero necesitas alcanzar tus propios sueños y metas.

- **No evites la confrontación.** Cuando no se abordan los problemas, se cocinan a fuego lento y se enconan en el interior. Así es como comienza la agresión pasiva, y luego todo estalla. Afronta los problemas antes de que se hagan demasiado grandes y hazlo de manera constructiva y tan educada como sea posible. Sin embargo, no seas fácil de convencer y tienes que saber que tienes el derecho de ser feliz.

El acuerdo no debería considerar tu forma de actuar.

Muy a menudo, los chicos buenos no quieren causar problemas cuando hablan con las mujeres, así que están de acuerdo con todo lo que dicen. La esperanza es que esto los haga querer a la mujer porque se hace una conexión a través del acuerdo.

Sé tú mismo. Si no estás de acuerdo con un comentario o declaración, dilo. Sé amable, no seas discutidor, pero di lo que piensas. Va a valorar eso más que estar ciegamente de acuerdo con ella.

Balance

A veces los chicos buenos pasan tanto tiempo tratando de complacer a las mujeres (y a otros) que pierden de vista el equilibrio de su vida. No tienen tiempo para sus amigos o incluso para estar solos. Al equilibrar tu vida, comprenderás cómo necesitas diferentes interacciones para ser feliz y sentirte realizado.

No estás perdiendo una oportunidad

Uno de los principales pensamientos detrás del comportamiento de un chico bueno es que si siempre está ahí para una mujer, eventualmente ella se dará vuelta y lo mirará con otros ojos. En lugar de ver a un amigo, se dará cuenta de que ama a este hombre y caerá en sus brazos. Entonces suena la música, y te das cuenta de que tu vida es realmente un movimiento romántico. Se desvanece a negro mientras se besan...

Oh, para. La vida no es una película.

No te vas a perder un momento mágico en el que ella de repente se da cuenta de que eres el único al que ama. Dejando todo y corriendo a tu lado, no te haces indispensable.

De hecho, si ella se iba a dar cuenta de repente, **es porque tú no estabas allí.** Es más probable que te eche de menos y se dé cuenta de que está interesada cuando no estás allí. Recuerda, la ausencia hace que el corazón se encariñe.

Deshazte de la mentalidad de "uno por uno".

Los chicos buenos tienden a llevar la cuenta. Crean esta mentalidad en la que esperan que las cosas vuelvan a ellos. Hicieron un cierto número de cosas buenas por una mujer, así que es hora de que ella responda.

Excepto que el mundo no funciona de esa manera. Necesitas ser tú mismo. Sé un chico bueno y haz cosas bien pensadas y haz cumplidos, pero no lo hagas esperando un retorno de tu inversión de uno a uno. Sólo hazlo porque eso es lo que eres.

Aumenta tu independencia

La independencia es algo que siempre atrae a las mujeres. Les encanta que puedas estar solo y hacer tus cosas.

Así que, añade a esto. Cuanto más independiente puedas demostrar que eres, más confianza construirás. Créeme, se darán cuenta de esto. En lugar de permitir que tu vida se caiga en pedazos porque estás ayudando a otros, estarás haciendo tu propia vida más fuerte, a lo que las mujeres responderán.

Crea tu propio programa

¿Alguna vez te has preparado para hacer algo divertido o incluso trabajar y recibir ese mensaje o llamada de que alguien quiere tu tiempo para algo que realmente no es tan importante?

¿Dices que no puedes porque estás envuelto en algo o lo dejas todo, poniendo tu propia vida en espera para irte y atender las necesidades de otro?

Sabemos lo que hace el chico bueno.

Tu tiempo y horario no sólo son importantes, sino que también son valiosos. Dáselo a la gente que lo merece pero también guárdalo. Tienes que ocuparte de tus responsabilidades y necesidades primero.

Entonces, ¿quién quieres ser? ¿El buen chico o el chico bueno?

Capítulo 3: La mente masculina y lo que significa ser un hombre

Hubo un tiempo en que ser un hombre significaba algunas cosas: cuidar de tu familia, defenderte, ser honesto. Otras personas dirían que ser hombre siginifica saber beber, pelear y decir palabrotas. Y, por supuesto, conseguir una chica.

Eso fue todo. Generaciones crecieron con el concepto de que si actuabas como John Wayne o James Bond, eras un hombre. Todo lo demás no importaba, con tal que la gente te admirara, eras un hombre.

Pero a medida que la sociedad ha evolucionado y nuestra visión del mundo ha cambiado, todo se ha vuelto un poco más complicado.

Para mí, ser un hombre es más que traer a casa el alimento y ser capaz de cuidar de uno mismo en una pelea de bar. Es más profundo que eso. Se trata de valores y responsabilidad. No se trata de la edad, sino de la experiencia.

¿Qué significa ser un hombre

Responsabilidad

Un hombre se hace responsable de sí mismo y de sus acciones. Si hace algo malo, repara y arregla lo que hizo. Cumple sus promesas. Si tiene hijos, los cuida y los cría adecuadamente.

Sociedad

Hubo un tiempo en que se esperaba que un hombre asumiera toda la responsabilidad por sí mismo. La mujer se quedaba en casa y nunca trabajaba. Traería a casa un cheque y tendría dos trabajos si tuviera que hacerlo.

No se esperaba que la mujer se involucrara en asuntos de trabajo o finanzas, sólo estaba para mantener la casa limpia y ordenada. Como dijo Michael Corleone, "Nunca me preguntes sobre mis negocios".

¿Ha cambiado eso alguna vez en los tiempos modernos? Con la mayoría de las familias que requieren que ambas personas trabajen sólo para sobrevivir, se han desarrollado cambios en los derechos y la remuneración de las mujeres y nuestra sociedad ha creado un campo de juego más equilibrado en los roles de género, y ahora un hombre necesita ver el mundo de manera diferente.

Creo que el hombre de hoy necesita tener las habilidades para tener una sociedad igualitaria. Depende de ustedes dos llegar a un entendimiento de cuáles son sus roles, pero esa asociación y comunicación son vitales. Un hombre no puede hacer una declaración general de que se encargará de todo. Tiene que trabajar con su socio. Pero eso no significa que tenga que volverse débil o dependiente. Pueden hacer más compartiendo responsabilidades como equipo.

Tal vez tomar un descanso

Aquí hay una sugerencia que puede funcionar, o puede que no. Depende de cuán radicalmente cambies tu vida y de la forma en que te abordes a ti mismo y a las mujeres.

Considera la posibilidad de tomar un poco de vacaciones.

¿Recuerdas cuando estabas en la escuela y las clases terminaban en el verano y los niños volvían después de las vacaciones y tenían una actitud diferente, ropa diferente, tal vez incluso habían crecido unos centímetros o se habían vuelto más musculosos?

Tal vez quieras considerar esto. Considera tomar unas pequeñas mini vacaciones de las mujeres, los amigos y la vida social. No demasiado tiempo, tal vez unas pocas semanas.

Esto te dará la oportunidad de hacer algunos cambios, ajustar algunas cosas sobre cómo enfocas la vida y las citas. Pasa un tiempo contigo mismo pensando las cosas, averiguando cuáles son tus objetivos en la vida y con las mujeres.

De esa manera, cuando empieces a ver a la gente que conoces, cualquier cambio que implementes no parecerá drástico, como si estuvieras probando algo nuevo. Así, comentarán cómo has cambiado desde la última vez que te vieron y cuanto les gustan los cambios. O mejor aún, las nuevas mujeres que conozcas no verán el proceso; sólo verán (y se sentirán atraídas) por el resultado.

Comportamientos masculinos

Pase lo que pase, hay ciertos comportamientos que son definitivamente masculinos, y eructar y tirarse pedos en la mesa no están entre ellos.

Confianza

Es muy masculino tener confianza. Es lo más importante a lo que responden las mujeres. Un hombre seguro de sí mismo tiene autoestima e independencia. Es autosuficiente y no necesita acudir a otros para sentirse realizado o validado.

No puedo enfatizar lo importante que es la confianza. Lo he mencionado una y otra vez en este libro y en los otros. Para tener éxito con el sexo opuesto, **debes** encontrar tu confianza.

Asertividad

Un hombre masculino sabe lo que quiere y va por ello. Esto es diferente al Hombre Alfa, que es básicamente un nombre para un hombre grosero. No se trata sólo de sentir que algo debería ser tuyo porque te lo mereces; se trata de cómo averiguar y cómo lograr tus objetivos. Se trata de bajarle a ciertas cosas, y eso es muy masculino.

Dominio

Hay una diferencia entre ser dominante y ser un matón o cruel. Dominar es defenderse a sí mismo y a lo que es suyo. A veces no se trata de palabras, sino simplemente del lenguaje corporal y la vibración que desprendes.

Mencioné en mis otros libros que soy muy alto, así que automáticamente emito una vibración dominante. Puedo parecer un poco intenso debido a mi tamaño, así que eso también ayuda.

Coraje

El coraje no tiene que ser para ir a la guerra o salvar a alguien de un edificio en llamas. A veces el coraje es simplemente levantarse por la mañana o ser capaz de arriesgarse para conseguir lo que se quiere. A menudo, se trata de defender lo que crees y no cambiar ante la presión de los demás.

Las mujeres valoran el coraje, incluso en situaciones pequeñas. Cuando te levantas y te arriesgas a hablar con una chica, eso requiere coraje y las mujeres lo notan.

Polaridad masculina

¿Alguna vez has oído el término "los opuestos se atraen"? A veces no es del todo cierto. Si estás con alguien que es demasiado diferente a ti, no tendrás ningún punto en común, y no podrás encontrar una conexión o relación más profunda.

Sin embargo, cuando se trata de hombres y mujeres, se busca absolutamente la atracción opuesta.

La polaridad masculina es la idea de que cuanto más masculino seas y más femenina sea ella, más atraídos van a estar el uno por el otro. Y funciona.

Si son demasiado parecidos en sus polos de masculinidad/feminidad, no se sentirán tan atraídos el uno por el otro como podrían. Cuanto más amplíen sus rasgos masculinos, más se atraerán sus rasgos femeninos. En realidad es muy simple.

Pero tienes que asegurarte de que son los rasgos correctos, como hemos estado discutiendo. Si tus rasgos como la confianza, la decisión y el coraje se mantienen fuertes, sus rasgos femeninos te responderán.

Ser un hombre de propósitos

Todos nos hacemos esas preguntas existenciales. ¿Por qué estoy aquí? ¿Cuál es el significado de mi vida? ¿Cuál es mi propósito?

Durante generaciones que se remontan a los cavernícolas, el propósito de un hombre era simple. Sobrevivir, proteger y procrear.

¡Eso fue todo! Durante su corta vida adulta, cazaban, alimentaban a su familia y trataban de no ser pisoteados por los mastodontes. La vida era bastante simple.

Pero con el tiempo, ese propósito ha cambiado. De repente, ya no era peligroso para la vida conseguir comida. La esperanza de vida pasó de tener la suerte de llegar a los 30 años a un promedio de casi cien años.

Mientras eso sucedía, el propósito de un hombre se volvió menos definido. Solíamos tener ritos de paso y esos desaparecían. Ahora los hombres vagan por ahí tratando de averiguar cómo ser hombres.

No es algo malo. El mundo en el que vivimos es más seguro, más gratificante y honestamente más divertido. Preferiría poder ir al cine que sentarme y mirar las pinturas rupestres.

Además, hay una gran igualdad de los sexos que hace la vida más agradable. Los hombres se han vuelto más comprensivos y tolerantes y han llegado a comprender los errores que han llevado a la violencia doméstica y al abuso.

Pero de todos modos regresa esa pregunta... ¿cuál es el propósito de un hombre?

Anhelo de aventura y riesgo

En los viejos tiempos, la vida de un hombre tenía el riesgo y con ella la capacidad de probarse a sí mismo. En las culturas tribales, se les daba una tarea o búsqueda que cumplir para alcanzar la hombría. Incluso en nuestra propia cultura durante muchos años el rito de paso de un hombre era servir en el ejército o ser reclutado.

Ahora los hombres tienen que encontrar la manera de desafiarse a sí mismos y demostrar su virilidad. Desafortunadamente, muchos de nuestros jóvenes masculinos tienen que hacer esto a través de la fantasía. Jugando videojuegos o participando en deportes.

¿Por qué es eso importante?

Ahora, déjame hacerte una pregunta. ¿Escuchas tus sentimientos?

Hubo un tiempo en que los hombres fueron entrenados para poder reaccionar ante el miedo. Era parte de su vida, así que perfeccionaron su instinto para saber qué hacer. Y como era algo que experimentaban regularmente, ya sea en la guerra, la caza o simplemente en los tiempos difíciles en los que vivían, desarrollaron ese instinto.

Sin embargo, en la sociedad moderna, nuestro instinto está embotado. Cuando la gente se asusta o se encuentra en una situación peligrosa, piensan que responderán con valentía, pero en realidad, se congelan.

No los culpo. De repente te enfrentas a una situación en la que no tienes experiencia.

Tenía una amiga que entrenaba artes marciales y no era el tipo de mujer que se asustaba. Se sentía muy segura de sus habilidades. Un día, estaba esperando un autobús cuando una mujer sin hogar (que luego fue evaluada médicamente por tener problemas mentales) se acercó a ella y la amartilló en frío, justo en la cara. Sin advertencia, nada. Sólo bam!

Mi amiga se congeló. No sabía qué hacer. Incluso con todo su entrenamiento en artes marciales, nunca había tenido ninguna experiencia práctica. Así que la mujer la golpeó de nuevo.

Por suerte, varios transeúntes separaron a la mujer sin hogar y las autoridades llegaron rápidamente y se llevaron a la mujer a algún lugar para que recibiera la ayuda mental que necesitaba, pero mi amiga estaba devastada. No había usado ninguno de sus conocimientos. Simplemente se había congelado. ¿Por qué?

No tenía experiencia práctica en el mundo real. Sabía cómo lidiar con un tipo que la agarraba por detrás, sabía cómo golpear a un oponente que se le acercaba, tenía todo este conocimiento pero ninguna experiencia en situaciones del mundo real.

¿Debería haber devuelto el golpe? Probablemente no, la mujer que la golpeó no sabía lo que estaba haciendo. Pero mi amiga podría haberse defendido al menos, bloqueando el segundo ataque. Pero no lo hizo.

Es como con los hombres. Hemos perdido la experiencia del mundo real. Tendemos a no arriesgarnos o a aprender a confiar en nuestros instintos masculinos porque no tenemos experiencia en cómo hacerlo.

Tenemos que aprender a arriesgarnos y a escuchar nuestras agallas. Sucede lo mismo con las mujeres. Necesitas experiencia práctica en hablar y coquetear con ellas para que tus instintos funcionen correctamente.

Cómo mejorarte a ti mismo

Entonces, eres perfecto, ¿verdad? ¿No necesitas mejorarte a ti mismo?

Aquí hay una verdad honesta. Todo el mundo puede mejorar. Yo mismo intento hacerlo todos los días.

Esto es diferente a adquirir nuevas habilidades (aunque lo discutiremos más adelante en el libro). Se trata de echar un vistazo honesto a tu personalidad, tu mentalidad y tus características y ser honesto sobre lo que ves.

Se trata de mirarse a uno mismo y trabajar para ser un mejor hombre y un mejor ser humano. Haz cambios en tu vida y en tu mentalidad e intenta ser un mejor ser humano cada día.

Rodéate de los hombres adecuados

Asociarse con hombres a los que se respeta y de los que te sentirías orgulloso de estar asociado.

No escuches a los tipos negativos, crueles u odiosos. Deshazte de las amistades con hombres que son malas influencias o que tienden a derribarte.

Además, cuando traes a una mujer, quieres que ella pueda confiar en tus amigos. Ella te respetará más por elegir con quién te juntas sabiamente.

...y las mujeres

Canto alabanzas de tener amigas en todos mis libros. Ellas realmente pueden ayudarte cuando se trata de aprender lo que les gusta a las mujeres, y las correctas te ayudarán a convertirte en una persona compasiva y completa. Como con tus amigos varones, deshazte de las influencias femeninas negativas y odiosas de tu vida y céntrate en las que te construyen.

Tener amigas puede ser un problema si encuentras una mujer que resulta ser del tipo celoso. Sin embargo, si ella es realmente la adecuada para ti, aprenderá a afrontarlo y a no dejar que sus problemas arruinen tus relaciones. Si no es así, tal vez quieras reevaluar tu relación con ella.

Salud y ejercicio

La salud física ha entrado en juego en muchos de los temas de este libro, y es porque realmente está en cada parte de tu vida.

Estar sano significa que no sólo eres consciente de ti mismo, sino que al mejorar tu salud, tienes una calidad de vida más activa. Puedes ser más eficaz, hacer más y en general ser una mejor persona. Si te sientes enfermo o con sobrepeso, esto se manifiesta a través de tus acciones e interacciones.

Educación

Nos ocuparemos de esto más adelante, pero es vital que entiendas el mundo que te rodea y cómo funcionan las cosas, y que siempre estés buscando nuevos conocimientos. Deberías estar hambriento de ello porque así es como te mejoras a ti mismo.

Metas

No puedes cambiar si no sabes adónde vas. Por lo tanto, es vital establecer objetivos e hitos, ya sea físicos, mentales o emocionales.

Tampoco hay nada malo en recompensar el logro de tus objetivos. De hecho, es una gran cosa para hacer. Si trabajas duro, te lo mereces.

Olvida el pasado

No puedes mejorar y avanzar si estás encadenado al pasado. Sí, aprendemos de nuestros errores, pero si te quedas atado a ellos, cargando con la culpa o con sentimientos negativos, no puedes avanzar y te arriesgas a convertirte en una víctima.

Mira al futuro, pero no te esclavices por él

Como dije, debes establecer metas e hitos y esforzarte por alcanzarlos. Al mismo tiempo, no puedes mantener tus ojos tan enfocados en el futuro, al punto que te olvides de vivir en el presente. No debes pasar tanto tiempo viviendo sólo para un único objetivo que alcanzar, debes mirar atrás y preguntarte dónde se fueron todos los momentos de diversión con los amigos y la familia. La alegría está en el viaje.

Abundancia Mental

¿Alguna vez has salido a la calle con la esperanza de conocer a una mujer pero cuando miras a tu alrededor no ves ninguna? ¿O crees que ninguna de estas mujeres se interesará por ti?

No puedes hacer eso. Necesitas tener una mentalidad de abundancia.

Esta es una actitud positiva con la que tienes abundantes opciones cuando se trata de mujeres. Que cuando miras a tu alrededor no sólo te fijas en las mujeres, sino que sabes que puedes hablar con ellas y salir con ellas. Necesitas entender realmente y creer que ellas quieren hablar contigo.

Pero la clave de la abundancia es que cuanto más preparado estés, más oportunidades tendrás. Tienes que perfeccionar algunas de tus habilidades para poder usarlas realmente a tu favor.

Observar y absorber

Necesitas aprender todo lo que puedas sobre cómo piensan las mujeres, lo que quieren y cómo interactúan con los hombres. Me gustaría pensar que en este libro y en ***Cómo Coquetear con las Mujeres*** y ***Cómo Hablar con las Mujeres*** te he dado una buena hoja de ruta, pero nada es mejor que la experiencia de la vida real.

Siempre presta atención. Escucha cuando estés sentado en restaurantes o esperando el autobús. Presta atención a lo que las mujeres le dicen a los hombres o a otras mujeres. Escucha cómo hablan de sus hombres y lo que les hace felices o les molesta. ¿Cómo hablan de sus necesidades con sus hombres? ¿Se sienten satisfechas? ¿Qué les falta?

Práctica

Si quisieras jugar en las grandes ligas, ¿te presentarías a una prueba o pasarías años practicando hasta que fueras material de las grandes ligas?

Por supuesto, practicarías. Así es como te pones mejor.

Es lo mismo con la abundancia. Practicar las habilidades de conversación y trabajar en tu capacidad de coquetear y charlar con ellas es la forma de mejorar.

Por supuesto, trabajar con las mujeres que te interesan es la mayor ayuda, pero no te detengas ahí. Habla con todo tipo de mujeres. Coquetea con la mujer detrás del mostrador, aprende a usar tu sonrisa con extraños.

Apunta alto

Nunca pienses que una mujer está fuera de tu alcance o que no tienes una oportunidad. Siendo ambicioso, no sólo tienes más mujeres para elegir, sino que también te presionas a ti mismo. Es como cuando juegas al tenis; mejoras jugando con mejores oponentes.

Lo mismo puede decirse de conocer y salir con mujeres. Siendo ambicioso y probando todo tipo de mujeres con las que erróneamente crees que no tienes oportunidad, vas a perfeccionar tus habilidades y también aumentar tu confianza.

Amplía tu círculo social

Es vital estar siempre creando nuevos contactos sociales y ampliando tu círculo de amigos y conocidos.

Esto sirve para varios propósitos en tu vida, más que para la interacción con las mujeres. Te permitirá crear contactos de negocios, que te ayudarán a conseguir trabajos y a tener éxito en tu carrera. Además, si te rodeas de influencias positivas y trabajadoras, tendrás una estructura de apoyo y no te verás arrastrado por la negatividad.

Sin embargo, siempre es mejor tener un pequeño grupo de amigos de alta calidad que un grupo más grande de conocidos que no tienen tanto efecto positivo en tu vida.

A través de este círculo social, podrás conocer nuevas personas, ser más fuerte socialmente y más interactivo. Tu confianza aumentará, y de hecho tendrás más éxito en tu vida.

A veces es hora de dejar atrás a algunos amigos y conocidos. Si no son influencias positivas o no disfrutas de estar cerca de ellos, está bien empezar a eliminarlos de tu vida.

Cuando se trata de mujeres, tu círculo social es una herramienta increíble para conocerlas. Saliendo con amigos, te pones en situaciones en las que conocerás a más gente y mujeres.

Además, nunca se sabe quién es amigo de un amigo al que se le puede presentar.

¿Por qué no poner a las mujeres en un pedestal?

Cuando salía con veinteañeros, tenía el mal hábito de asumir que las mujeres con las que salía sabían lo que decían.

Verás, me gustan las mujeres inteligentes, así que cuando las conocía, asumía que sabían de lo que hablaban y si era un tema que no conocían, les daba el beneficio de la duda y asumía que tenían razón.

Las estaba poniendo en un pedestal intelectualmente hablando. Muchos chicos hacen lo mismo, ya sea por belleza, sex-appeal o simplemente porque se preocupan por ellos.

Esto va a terminar en algunos problemas con ambos. Recuerdo una vez que una mujer con la que salía intentaba pedir mi opinión sobre algo que hacía en el trabajo. No era un tema del que yo supiera mucho, así que me remití al clásico "¿qué crees que es lo mejor?"

En esta situación, asumí que ella sabía más de lo que hablaba y que sería capaz de tomar la mejor decisión. No tenía ni idea del tema y honestamente no estaba poniendo mucho esfuerzo en aprenderlo.

Más tarde, me di cuenta de que había estado tratando de compartir una parte de su vida conmigo. Quería mi opinión y mi aportación, y si no hubiera estado tan ocupado poniéndola en un pedestal por ser tan inteligente y saber más, podría haberle dado algo del apoyo que necesitaba. Claro, puede que no sepa mucho del tema, pero estando presente y al menos mostrando mi apoyo, podría haberle dado más de lo que necesitaba.

El problema es que cuando haces esto, estás creando un ideal y nadie va a estar a la altura. Al final, ambos van a salir lastimados, y la relación no va a terminar bien.

Esto hace que ignores los negativos y te arrastre a la zona del "chico bueno". Entonces, como no quieres pensar que te has equivocado, te doblarás y pensarás que ella es perfecta y te sumergirás más profundamente en tu relación.

Además, las mujeres no responderán a esto a largo plazo. Se aburrirán de ti o incluso empezarán a aprovecharse de ti.

Capítulo 4: El hombre del Renacimiento

Hubo un tiempo en el que se admiraba a los hombres si tenían una serie de habilidades. Aprenderían múltiples idiomas, tendrían talentos en una variedad de oficios y serían usados en política, filosofía y negocios. Los llamábamos los Hombres del Renacimiento.

Un ejemplo perfecto fue el presidente de los Estados Unidos Thomas Jefferson. Además de ser un padre fundador y de ayudar a redactar la Declaración de Independencia, fue arquitecto, autor, agricultor e interesado en docenas de otros temas sobre los que escribió numerosas publicaciones.

A veces llamamos a estas personas "polimáticos", pero todo lo que significa es alguien que es bueno en muchas cosas diferentes.

En la sociedad moderna, la gente tiende a quedarse en sus zonas de confort, aprendiendo sólo habilidades o información que es pertinente a su carrera o a su estrecho campo de intereses.

Y las mujeres odian eso.

A las mujeres les gustan los hombres aventureros, que saben de cosas. No es sólo para su beneficio en la búsqueda de las mujeres, sino como ser humano. Siendo más completo y conociendo otros temas, puedes tener más éxito en el trabajo, el romance y la vida en general. **Tendrás una vida interesante, y cualquier mujer querrá ser parte de ella.**

Te hace más interesante. Puede que hayas visto la famosa campaña de cerveza con el Hombre más Interesante del Mundo. ¿Por qué era interesante y atractivo para las mujeres? No era la cerveza que bebía; era la vida que llevaba. Tenía una variedad de habilidades e hizo cosas interesantes. Para las mujeres, eso es fascinante y sexy.

Creo que el autor Robert Heinlein lo dijo mejor:

"Un ser humano debe ser capaz de cambiar un pañal, planear una invasión, matar un cerdo, dirigir un barco, diseñar un edificio, escribir un soneto, equilibrar las cuentas, construir un muro, colocar un hueso, consolar a los moribundos, recibir órdenes, dar órdenes, cooperar, actuar solo, resolver ecuaciones, analizar un nuevo problema, lanzar estiércol, programar un ordenador, cocinar una comida sabrosa, luchar con eficacia, morir con gallardía. La especialización es para los insectos. "

Música

Fui a una escuela secundaria muy rural, tan rural que podía tardar una hora en llegar al Walmart más cercano. Sí, era así de rural.

En mi primer año de secundaria llegó un nuevo estudiante que acababa de mudarse de una ciudad importante. Se vestía diferente y escuchaba música nueva y extraña. Nunca habíamos escuchado algunas de estas canciones antes, y mucho menos las bandas. Muchos de los otros estudiantes comenzaron a burlarse de él, a molestarlo con su música con insultos juveniles despectivos y sinceramente el tocaba muy bien.

Avance rápido a mi último año. De repente, la música de este nuevo estudiante que había estado escuchando estaba en la cima de las listas de éxitos. Todo el mundo estaba con ello e incluso se vestía un poco diferente, más como el nuevo estudiante.

Los gustos musicales son diferentes y cíclicos. Cuanto más te abras a diferentes estilos, más hay para disfrutar. Si te gusta cierto músico o canción, no hay nada malo en ello. ¿Personalmente? Me gusta la música pop, pero también me gusta el jazz y algo de música country.

Abriéndote a más música, parecerás más mundano y educado. No querrás preguntar cuál es su banda favorita y quedarte perplejo porque nunca has oído hablar de ellos. Y peor aún, nunca preguntes, deja que responda y luego empieza a ser negativo sobre sus elecciones. Esa es una forma rápida de cerrar cualquier conversación.

La música es personal, y al insultar sus elecciones, la estás alejando. No tienes que fingir, pero su singularidad es lo que te atrae de ella.

Eventos actuales

Ya mencioné antes que soy un adicto a las noticias. Entiendo que no es para todo el mundo, pero al menos necesitas saber qué está pasando en el mundo.

Parte de ser un hombre responsable es ser consciente de tu entorno, y esto incluye las noticias. No tienes que digerir cada pedacito o pasar todo el día viendo las noticias por cable, pero sé consciente, especialmente de los grandes eventos. ¡Y asegúrate de saber de qué estás hablando! No querrás sumergirte en una conversación y de repente darte cuenta de que no sabes lo que estás diciendo.

Además, es una forma muy bonita de impresionar a una mujer. No siempre estarás hablando con ella, pero habrá otras personas alrededor. Imagina cómo se sentirá si alguien dice algo sobre los acontecimientos actuales y tú eres capaz de responder, sabiendo exactamente lo que está pasando.

Cocina

Soy un pésimo cocinero. No es una de mis mejores habilidades. Sin embargo, tengo tres platos que puedo cocinar muy bien. Tengo uno para el desayuno, el almuerzo y la cena.

No es necesario que tomes clases de cocina (aunque es una gran manera de conocer mujeres, como hemos discutido en ***Cómo Hablar con las Mujeres***), pero debes tener un puñado de platos que sepas cocinar sin usar el microondas. Necesitas uno que puedas preparar para una cena romántica, uno que puedas preparar para el almuerzo y, por supuesto, un desayuno que puedas preparar cuando los dos se despierten.

Quién sabe, tal vez descubras que te gusta cocinar. Esa es una habilidad que las mujeres aman absolutamente en un hombre. Además de amar ser mimada con una comida casera, las mujeres también aprecian no tener que cargar con esta responsabilidad sola en una relación, ya sea que aún pienses que el lugar de una mujer es "en la cocina" o no.

La condición física

Hay una diferencia entre simplemente ir al gimnasio y entender la condición física.

Muchos chicos van al gimnasio unas cuantas veces a la semana, hacen sus ejercicios y se van a casa. Eso es todo. No piensan en el ejercicio hasta que vuelven a ir al gimnasio.

Eventualmente, dejarán de ir porque creen que no lo necesitan o porque no ven ningún resultado real. Eventualmente, comenzarán a ganar peso, tendrán problemas de salud, y ellos (y su mujer) comenzarán a preguntarse, "¿Qué pasó?"

El hombre que entiende la condición física y cómo mantenerse sano tiene un enfoque completamente diferente. Ellos entienden cómo y cuándo hacer ejercicio. Saben sobre la recuperación, la nutrición adecuada y cómo funcionan y crecen realmente los músculos. Saben qué ejercicios hacer y qué resultados obtendrán. Entienden que es un proceso y que necesitan trabajar antes de ver los resultados.

Camarero

Aprende un par de cócteles clásicos que puedes mezclar. También, aprende la manera apropiada de servir una cerveza. Impresionala aprendiendo su bebida favorita.

Todo esto es muy simple de aprender pero te hará un héroe ante sus ojos. Y no te detengas ahí. Asegúrate de que tienes otras habilidades en tu haber.

- Aprende a cambiar un neumático.
- Aprende a cambiar el aceite del coche.

- Asegúrate de saber cómo encender un fuego, montar una tienda de campaña y otras actividades de campamento.

- Saber cómo apagar el fuego de la grasa. Aunque es fácil de aprender, es diferente a apagar un fuego normal y un número sorprendente de personas no saben cómo hacerlo. Aprende esto, y te convertirás en su bombero en la cocina.

- Conducir. Suena simple, pero cuando ella está en el coche contigo, quiere sentirse segura en tus habilidades. Asegúrate de que sabes cómo conducir a la defensiva y con seguridad. Además, aprende a aparcar en paralelo.

- ¡Maneja una palanca de cambios! Aprende a conducir un auto manual. Es una habilidad que ayuda porque nunca se sabe cuándo puedes terminar al volante de un auto. Puede ser como conductor designado o debido a un accidente o lesión. Y hay algo varonil en conducir un cambio de marchas que a las mujeres les gusta mucho. Además, ¡todas las posibilidades de insinuaciones sexuales!

- Saber cómo arrancar un auto.

- Primeros auxilios básicos. Si vienes a rescatarla cuando está herida, aunque sólo sea un pequeño corte de papel, serás su héroe. Además de aprender RCP y la maniobra de Heimlich.

- Coser/arreglar tu ropa. No necesitas aprender grandes habilidades de costura, pero la habilidad de coser un botón o arreglar pequeñas cosas le muestra que no sólo eres independiente, sino que harás lo que debas para hacer el trabajo.

- Desatascar un desagüe/baño. Afrontémoslo, los accidentes ocurren. No importa cómo suceden, pero si eres capaz de desatascar el desagüe o el inodoro bloqueado, ella estará increíblemente agradecida.

- Saber cómo hacer reparaciones simples en la casa. No tienes que ser Tim Taylor, pero debes saber cómo arreglar una puerta que rechina o un grifo que gotea. Puede que ya sepa cómo hacerlo ella misma, pero probablemente apreciará un par de manos extra de ayuda.

- Usar un mapa - Claro, todo es con el GPS hoy en día, pero ¿qué pasa si no tienes señal? Tienes que aprender a usar un mapa, seguir las indicaciones, usar una escala de mapa y manejar una brújula.

- Aprende a dar un masaje adecuado. Cuando digo adecuado, me refiero a uno que se sienta bien, que realmente resuelva el estrés y que no sea sólo un precursor de la acción práctica.

- Lanza un puñetazo. No debes meterte en ninguna pelea, y se trata de la mecánica más que de herir a alguien. Muchas mujeres no saben cómo dar un buen puñetazo. Incluso puede surgir en una conversación. Sin embargo, si puedes, aprende a desescalar una situación antes de que llegue a este punto.

- Aprende a ser un mediador. Mientras que las mujeres pueden apreciar a un hombre que da un buen puñetazo, apreciarán más a alguien lo suficientemente fuerte como para desescalar una situación sólo con sus palabras.

De hecho, las cosas que los hombres pueden hacer y en las que las mujeres tradicionalmente tienen dificultades son temas comunes de conversación. Una vez salí con una chica que estaba fascinada con la forma en que los hombres pueden escupir porque ella no podía hacerlo. Nunca sabes cuál puede ser su interés.

Limpieza

En este libro y en ***Cómo Coquetear con las Mujeres*** y ***Cómo Hablar con las Mujeres***, hablé de la higiene personal y de cómo vestirse, pero también hay que saber cómo mantener limpia la casa. Saber cómo limpiar adecuadamente la ducha y el baño.

Asegúrate de aspirar y barrer correctamente y limpiar la cocina. Debes saber cómo lavar los platos a mano en caso de que no haya lavavajillas. No sólo quieres que se sienta cómoda en tu casa, sino que también quieres que sepa que la valoras manteniéndola limpia y organizada.

Saber cómo lavar tu propia ropa es también una gran ventaja. Si va a estar contigo, quiere ser tu compañera, no tu madre.

Responsabilidad social y comunitaria

Un verdadero hombre del Renacimiento comprende la importancia de devolver a su comunidad y a la sociedad, ya sea a través del voluntariado o de organizaciones y grupos de caridad u otros grupos que ayudan a la comunidad como el Rotary o las organizaciones fraternales.

Esto demuestra que el hombre entiende los valores de los demás y los ayuda. Las mujeres responden a esto con mucha fuerza.

Como comento en ***Cómo Coquetear con las Mujeres***, el voluntariado también es una gran forma de conocer mujeres. Ser voluntario para trabajar con ancianos y niños y en eventos de adopción de mascotas también puede mostrar tu lado compasivo. A las mujeres les encanta eso.

Apreciar las artes

No hay que ser un gran artista, pero un hombre del Renacimiento entiende el arte y su importancia. Si algo no le gusta, no intenta devaluarlo verbalmente o burlarse de los que sí le gustan. Entiende que ampliando sus horizontes, puede entender mejor a la gente.

Viaje

Cuanto más ves el mundo, más entiendes el mundo y a ti mismo.

Ábrete a los viajes. Sé que puede ser caro, pero no tiene que ser alrededor del mundo. Considera los viajes por carretera o simplemente explorar tu propia ciudad. Cuanto más aprendes, más educado e interesante te vuelves.

Concéntrate

Existe el peligro de dispersarse cuando se trata de actividades y objetivos. Debes tener cuidado de no perder la concentración en tus objetivos o convertirte en lo que algunas personas podrían etiquetar como "por todas partes".

Asegúrate de terminar lo que empiezas y no te hagas cargo de otras tareas o responsabilidades si te van a agobiar. No querrás empezar a ser conocido como alguien que no termina lo que empieza o que no sigue cuando has dado tu palabra.

Jack de todos los oficios, maestro de ninguno

No tienes que ser un experto en todo lo que haces, pero tienes que darlo todo y trabajar para aprender una cierta maestría básica. Si fallas y descubres que no es una de tus habilidades, está bien.

Sin embargo, nunca le mientas a una mujer. Si montaste un caballo una vez, no le digas que solías ser un vaquero. Puede que hayas tomado algunas clases de artes marciales, pero no intentes convencerla de que eres un asesino entrenado.

Cuando tratas de hacerte pasar por un experto en algo que no eres, lo único que haces es postergar las vibraciones de inseguridad. Cuando estás seguro de ti mismo y de tus habilidades, quieres compartir tus historias, no presumir de tus habilidades. Hay una diferencia.

Cuando finges presumir, es obvio. "Hice esto; hice aquello. Una vez cuando estaba en un lugar tan y tan increíble..."

Todos queremos hacernos ver un poco mejor. Queremos dar lo mejor de nosotros mismos, y asumimos que al presumir y decir que somos los expertos, incluso en cosas de las que no sabemos nada, seremos capaces de impresionar a los que nos rodean.

Esto puede, y normalmente lo hará, salir malparado en nuestra contra. En algún momento, alguien será realmente un experto en el campo en el que intentas lucirte, y te enterrarán en el suelo. Esto hará que pierdas la confianza de los demás, puede hacerte parecer un tonto, y daña tu reputación más que cualquier otra cosa.

Recuerdo una vez que estaba hablando con una mujer que me gustaba mientras esperaba nuestra comida. Decidí que quería impresionarla y empecé a presumir un poco de mi conocimiento del vino fino o algo similar y de cómo conocía a todos los propietarios de bodegas locales de alrededor.

Esto iba muy bien, y ella parecía muy impresionada. Hasta que apareció una amiga suya, que era la hija de uno de los propietarios de vino que fingía conocer. Le llevó dos segundos saber que mi historia era una mentira, e instantáneamente se perdió el respeto con la mujer que me interesaba.

La buena noticia es que tienes muchas habilidades e intereses realmente únicos, y seguro que hay alguno (que es cierto) que puedes compartir con una mujer. ¿Por qué no te centras en ellas y mantienes tus oportunidades?

Habilidades de entretenimiento

No todo lo que haces tiene que ser en serio. Aprende algunas pequeñas habilidades divertidas. Muchas de ellas sólo toman un corto tiempo para aprenderse y siempre pueden ser excelentes para lanzarlas en una conversación o para romper el hielo o la tensión. Si ya tienes una habilidad o talento único, úsalo como una forma de iniciar una conversación y romper el hielo.

Abrir una botella sin un abridor de botellas

No, no con los dientes. Aprende diferentes maneras de abrir esa tapa. Usando una encimera, una llave, o incluso una moneda de dólar.

Si usas una moneda de dólar, será lo suficientemente fuerte para reventar la tapa. ¡Inténtalo!

Si quieres una verdadera habilidad, aunque no tengas muchas posibilidades de demostrarla, aprende el arte de abrir una botella de champán con un sable. Pero te sugiero que tengas mucho cuidado cuando demuestre esta habilidad.

Juega a las cartas

Conoce los fundamentos de los juegos de cartas y cómo jugar. No tienes que ser un jugador profesional, pero aprende las manos y las reglas básicas del póquer, el blackjack, los dados y la ruleta.

Además, aprende a barajar bien las cartas y con algo de estilo.

Billar

Aprende lo básico del billar y cómo hacer ciertos tiros simples. No tienes que convertirte en un tiburón, pero tienes que aprender a ser lo suficientemente bueno para ganar y enseñar a una mujer a jugar si no lo sabe ya.

Una pequeña advertencia: Muchas mujeres saben jugar al billar, pero fingirán que no para ver si realmente lo haces. A veces, simplemente disfrutan que se les muestre y quieren verte inclinarte sobre la mesa o que te inclines con ellas para mostrarles cómo hacer un tiro.

¡Aprende a hacer una buena taza de café

No soy un esnob del café, lo admito. Me gusta negro y fuerte. Pero me doy cuenta de que estoy en minoría, especialmente cuando se trata de mujeres, aunque puedo apreciar una buena mezcla de café bien hecho.

Así que, aprende a hacer una increíble taza de café con la cantidad adecuada de crema y azúcar si lo deseas.

Magia

Aprende un par de trucos de magia pero no los uses con una mujer, guárdalos para los niños y se impresionará de cómo entretuviste a los pequeños.

Apilamiento de tazas

Esto puede sonar aburrido, pero en realidad es bastante genial. Busca "apilamiento de tazas" en YouTube y encontrarás todos estos videos de personas apilando y desapilando rápidamente tazas, haciendo pirámides de diferentes tamaños, volteando las tazas y todo tipo de trucos. La mejor parte es que desde que la ola inicial de la locura fue hace unos años, la gente ya ha superado la locura, y por lo tanto el apilamiento de tazas es una vez más un talento novedoso.

Apuestas de bar

Cada tipo debería tener unos cuantos trucos de barra bajo la manga. Asegúrate de practicarlas unas cuantas veces antes de probarlas en público.

- Dile a alguien que puedes saber en qué lado están las cabezas de los fósforos sin abrir o sacudir una caja de fósforos. Cuando estén de acuerdo, trata de equilibrarlo de manera uniforme en un cuchillo y el lado que es más pesado es el lado de la cabeza del fósforo.

- Apuesta a que puedes hacer un nudo con una servilleta sin soltarla. Dobla los brazos antes de agarrar los extremos de la servilleta. Despliega tus brazos y la servilleta estará atada.

- Pon una moneda de diez centavos en un vaso vacío y apuesta a que puedes sacar la moneda sin tocarla y sin tocar el vaso. Acércate y sopla en el vaso. La moneda de diez centavos es tan ligera que saldrá volando tu aliento. Incluso puedes hacer una insinuación sexual diciendo algo como

"Mira, todo lo que se necesita es un buen golpe".

Aprende a tocar una simple canción en cualquier instrumento

Sé honesto, es todo lo que sabes, lo que realmente impresionará a la gente.

Aprende a dibujar un lindo personaje de caricatura

Esta es una que hice hace mucho tiempo. No tengo muy buena habilidad para dibujar, pero creé un pequeño personaje de caricatura de ojos grandes que se desconectaba bastante. Practiqué y practiqué, y puedo dibujarlo en menos de un minuto. Es una gran cosa para añadir al fondo de las notas, o a veces incluso lo dibujo en mi cuenta en un restaurante, y siempre obtengo una reacción de la camarera.

No tienes que convertirte en un artista de cómics, pero si puedes crear un estilo de personaje característico, es algo que puedes garabatear rápidamente en una servilleta o en otros lugares divertidos para hacerla sonreír.

Aprende a decir una palabra en varios idiomas

Podría ser algo simple como pedir una cerveza en 20 idiomas o algo más sexy como "Eres la mujer más hermosa que he visto".

Y no intentes fingirlo, te descubrirán, y será increíblemente embarazoso. No dejes que Google translate (u otra herramienta similar) sea tu guía. A menudo son inexactos y pueden obligarte a cometer errores tontos.

Aprende las constelaciones

Imagina que estás caminando con una chica y miras las estrellas y puedes señalar y nombrar las constelaciones y las historias detrás de ellas. No te pongas en modo de conferencista o de profesor.

Aprende a romper huevos con una mano

Suena tan simple, y en realidad es bastante fácil, pero se ve tan impresionante.

Origami

Esta es una de esas habilidades que es fácil de aprender, difícil de dominar. Pero si puedes aprender a hacer unos cuantos animalitos geniales, es una pequeña habilidad divertida. Sin embargo, no seas ese tipo que nunca se detiene. No querrás estar sentado en una mesa con tu cita y docenas de pájaros de papel. Eso no es sexy.

Maestro de los palillos

Una vez que lo anotes, formarás parte del club con los que puedan utilizarlo y serás admirado por los que no puedan.

Y las mujeres no se impresionan cuando se les cae la comida. Pero si puedes bromear sobre ello, entonces puede mostrar lo fácil que es y es una buena manera de mostrar tu sentido del humor.

El giro del bolígrafo y el movimiento de la moneda

Tenía un amigo en el instituto que se sentaba en la parte de atrás de la clase de historia todos los días y trabajaba en el giro de su bolígrafo. Nuestro profesor era bastante aburrido y no prestaba atención a lo que hacían los estudiantes, así que Ernie usaba este tiempo para perfeccionar esta habilidad.

Llevó algún tiempo, pero se puso muy bueno. Entonces tenía una habilidad que podía usar para impresionar y a veces incluso puntuar sus frases. Contaba un chiste y luego hacía girar el bolígrafo al final, casi como una foto de borde para este chiste. A las chicas les gustaba mucho.

Puedes hacer lo mismo con el lanzamiento de una moneda entre tus dedos. Parece algo tan simple, pero cuando alguien no puede hacerlo, siempre se impresiona. En realidad es bastante bueno para la energía nerviosa, pero no lo hagas delante de ella constantemente.

En la siguiente sección, vamos al campo. Y si te gusta lo que has aprendido hasta ahora, o has encontrado beneficios, siéntete libre de dejar una reseña en Amazon. Realmente lo aprecio, ya que tus comentarios significan mucho para mí.

Segunda parte: En el campo

Capítulo 5: Vestuario, estilo y apariencia

Probablemente has oído el dicho "la ropa hace al hombre". Aunque se puede tomar un poco superficialmente, es básicamente cierto. Un hombre que se viste con su propio estilo y tiene orgullo de sí mismo siempre es respetado.

La gente reacciona a ti en base a tu apariencia. Si te ves bien arreglado y te enorgulleces de tu aspecto, la gente y las mujeres te tratarán de forma diferente. Recibirás más respeto y por lo tanto tendrás más éxito. Irradia confianza y es la señal de un hombre que sabe cómo ser autosuficiente.

Por otro lado, alguien que no sepa cuidarse a sí mismo, ya sea con la ropa o con la higiene personal, se verá como descuidado y falto de autoestima.

Entonces, ¿qué reacción preferirías tener ante tu apariencia?

Encuentra tu propio estilo

Algunos tipos no tienen problemas en desarrollar su propio estilo en lo que se refiere a su ropa y accesorios. A veces pienso que pueden exagerar, pero oye, tienen un estilo, y yo lo apoyo totalmente.

Cuando hablo de estilo, no tienes que convertirte en un estereotipo o modelo de moda identificable. Sólo se trata de saber qué ropa te hace ver bien y si te gusta o no la sensación y si disfrutas usándola.

Antes hablamos de no ser genuinos. Esto no se trata de asumir una personalidad. Se trata de encontrar tu propia vibración.

Y aclaremos algo, caballeros, aquí y ahora. Los pantalones cortos, una gorra de béisbol y las chanclas no son un estilo. Yo lo llamo el "Look del chico de la fraternidad". Este no es el aspecto que la mayoría de las mujeres van a buscar, especialmente si estás en unos años después de la universidad.

Yo también lo hice, durante toda la universidad y unos años después. Las chanclas y la gorra de beisbol se volvieron al revés. Luego, a medida que descubrí cómo reaccionaban las mujeres y las escuchaba, así como a medida que crecía y me movía en el mundo real, desarrollé mi propio estilo. Tiendo a no usar muchas corbatas, a optar por una camisa de vestir de cuello abierto, pero no me gustan los cuellos con botones. No es <u>mi estilo</u>.

Entonces, ¿cómo averiguas cuál es tu propio estilo?

- Empieza con lo que funciona para tu estilo corporal. No te pongas algo que no esté hecho para ti.
- Asegúrate de que encaje bien. Desde trajes hasta camisetas, asegúrate de que te quede bien y que no se estire de forma extraña.
- Busca los estilos que te gustan. Online, en la televisión y en las revistas. Busca celebridades que tengan el mismo tipo de cuerpo que tú. Mira lo que llevan y mira si te gusta.
- No tiene por qué ocurrir todas las noches.
- De nuevo, es un estilo, no un disfraz.

"¡Pero *esa celebridad está vestida como un indigente!*"

Sí... pero siguen siendo una rica celebridad. Sólo porque seas rico y famoso no significa que tengas sentido del estilo. Además, esa foto del tabloide era de ellos corriendo al supermercado a coger pañales en mitad de la noche. ¿Te pondrías tus cosas más elegantes para hacer eso?

Las celebridades son geniales para observar que usan, pero recuerda que algo de eso es increíblemente caro y ultra estilizado. Eso significa que en unos pocos meses va a pasar de moda, y no te pillarán muerto llevándolo. También recuerden que muchos de ellos son vestidos por personas y provistos de ropa para usar.

Usa algunos consejos de ellos, pero al final, necesitas desarrollar tu propio estilo único.

Y al final, recuerda siempre tener en cuenta el tiempo y la ocasión. Puede que tengas una figura elegante en un esmoquin clásico, pero si la llevas a un picnic del 4 de julio, lo único que conseguirás es que el sudor se filtre en tu ropa bonita sin ninguna razón.

¿Qué les gusta a las mujeres en la ropa?

Por supuesto, las mujeres tienen gustos individuales. Salí con una mujer a la que le encantaba una camisa que tenía. La siguiente mujer con la que salí no la soportaba.

Sin embargo, hay una especie de cosas universales que tienden a gustarles:

- El clásico parece una camiseta blanca (¡¡Pulcro!!!) y unos vaqueros.

- Trajes. A las mujeres les encanta un traje de buena calidad y bien ajustado. Lo mismo ocurre con los esmóquines.

- Este puede sonar extraño, pero es verdad. Mangas enrolladas. ¿Recuerdas que lo mencioné antes? Especialmente si tienes buenos antebrazos.

- Bonitos zapatos.

- Vaqueros bien ajustados. No los vaqueros de papá, no los vaqueros holgados... sino, vaqueros ajustados. Pongámoslo de esta manera; necesitas mostrar algunos de tus bienes, mi amigo. A ellas les gusta ver tus bienes tanto como tú los suyos. Nota: ten en cuenta que estamos hablando de unos vaqueros bien ajustados. Los vaqueros ajustados parecen tan incómodos y dolorosos para las mujeres como deben sentirse en ti. Además, no hay necesidad de arriesgar las joyas de la familia innecesariamente.

¿Qué es lo que no le gusta a las mujeres?

- Calcetines blancos con zapatos negros. Lo mismo con los calcetines y sandalias.
- Uso excesivo de joyas de metal.
- Camisas de músculos. Si estás trotando, yendo al gimnasio o participando en alguna otra actividad física, están bien. De lo contrario, las mujeres preferirían no verlas. No quieres que tu apodo, "golpeadores de esposas", se quede contigo porque usaste una fuera del ejercicio.
- Pantalones de chándal en público.
- Crocks. No lo hagas.
- Chancletas cuando no estás en la playa. Lo mismo con los pantalones cortos.
- Speedos. Nunca. Incluso en la piscina y en la playa.
- Esmoquin azul claro y totalmente blanco. No te metas en el cuarto de baile.
- Pijamas en público. Sé que suena obvio, pero he oído de estudiantes universitarios varones que se presentan a las conferencias en pijamas.

- Pantalones cortos y pantalones que se caen por debajo de tu trasero. A nadie le gusta realmente. Si conocieras los orígenes de este estilo en la prisión, probablemente tampoco te gustaría.
- Repetición. Odian cuando siempre llevas lo mismo. Quieren ver tu estilo.

Ropa esencial

Hay ciertos artículos que todo hombre necesita tener en su armario para estar preparado para cualquier ocasión.

Un traje

Si no tienes uno, cómprate uno. Invierte en un traje de buena calidad. Sólo hazlo.

En primer lugar, como hombre, necesitas al menos un traje para bodas y funerales. Incluso si no tienes que usar uno para trabajar, necesitas uno. Nunca quieres que te cojan desprevenido para un evento o un momento potencial de fiesta y conocer a algunas mujeres porque no pudiste mantener el código de vestimenta.

Si puedes, consigue un traje de color claro y otro de color oscuro. Esto te dará más opciones, especialmente en verano y en clima cálido.

Una camisa de vestir blanca

Necesitas una camisa de vestir blanca, no sólo para tu traje, sino que puede ser usada para varios looks. Puedes usarla con pantalones para un look semi-casual o con jeans para el clásico look americano.

Vaqueros de ajuste clásico

Los estilos van y vienen, pero nada supera a un clásico par de vaqueros ajustados.

Zapatos de vestir de cuero bien hechos

Las mujeres se fijan en los zapatos de los hombres. Es una de esas señales. Pueden decir mucho no sólo sobre el estilo sino también sobre la calidad.

Abrigo deportivo

A diferencia de un traje, con sólo tener un bonito abrigo deportivo puedes mejorar tu apariencia al instante.

Ropa interior

Nuevo y limpio. Nunca se sabe quién podría verlo. Los estudios también han descubierto que las mujeres prefieren la ropa interior de estilo bóxer.

Una camiseta blanca de alta calidad

Algunos tipos cometen el error de ponerse una camiseta interior, lo que puede funcionar, pero si no tienes un cuerpo increíble, esas camisetas pueden parecer baratas y descuidadas. Consigue una camiseta blanca de alta calidad, 100% algodón.

Zapatos

Cuando era joven, aprendí una lección muy importante. Las mujeres prestan mucha atención a los zapatos. No, no por la razón que estás pensando, aunque una buena parte de las mujeres se suscriben a la regla de pies grandes/manos grandes, sino porque pueden decir mucho sobre ti por cómo usas tus zapatos.

- Siempre combina tus zapatos y tu cinturón. Es un signo de un hombre bien integrado.
- Si se ven baratos y endebles, ella podría pensar lo mismo de ti.
- Las sandalias y las chanclas no son una moda.

Apariencia física e higiene

En mi primer libro **Cómo Coquetear con las Mujeres**, hablé de la higiene y el cuidado de uno mismo, cosas básicas que damos por sentado como la ducha, la limpieza y la presentación. Esto también incluye el cuidado de la ropa y la presentación. Eso definitivamente no ha cambiado.

¿Qué mujer va a querer besarte si tienes un olor desagradable saliendo de tu boca? ¿O acurrucarse contigo cuando no te hayas duchado durante unos días? Lo más probable es que ni siquiera quiera hablar contigo.

- Cepíllate los dientes, usa hilo dental y enjuague bucal.
- Usa desodorante.
- Dúchate al menos una vez al día y limpia todo.
- Cuida tu ropa y mantenla limpia.
- Mantente en forma. Ve al gimnasio regularmente.
- Coma saludablemente y tendrá un efecto positivo en tu piel y te ayudará con muchas manchas y brotes.
- Mantén tus uñas limpias y cortadas.
- Revisa si hay pelos antiestéticos en tu espalda, cuello o nariz y córtalos.
- Ten cuidado con la cantidad de laca y gel para el cabello que usas. Demasiada laca puede parecer antinatural y huele aún peor.
- Suaviza la colonia y el spray para el cuerpo. En serio. Las mujeres no quieren probar tu olor cuando abren la boca para hablar contigo.

Capítulo 6: Cómo construir la confianza que ella pueda notar

Una cosa es decir que las mujeres se sienten atraídas por la confianza, pero ¿qué pasa si tienes un problema de confianza? ¿Y si te falta?

Lo bueno de la confianza es que se puede construir y no es tan difícil. Sólo tienes que crear un entorno donde pueda crecer y desarrollarse de forma saludable.

Cómo hacer crecer tu confianza

Conseguir las cosas

Esta es probablemente la forma más simple de construir tu confianza. Es simple, pero funciona para todos.

¿Recuerdas cuando eras un niño y tratabas de aprender a andar en bicicleta? No querías quitarte esas ruedas de entrenamiento porque no tenías la confianza de poder mantener esa bicicleta en posición vertical.

Pero después de la práctica, con la ayuda de un adulto y un salto de fe, esas ruedas se desprendieron y pudiste montar sin ayuda. Entonces, ¿recuerdas lo seguro que te sentiste después de eso?

Cuando logras cosas, te vuelves más confiado, no sólo en esa habilidad sino en todas las demás. Te muestras a ti mismo que tienes habilidades y la capacidad de aprender y usarás esa confianza en otras áreas.

Trabajar desde el exterior al interior

Vístete bien y encuentra tu propio estilo personal. Ya he hablado de esto antes, pero es igual de importante cuando se trata de tu confianza personal. Si te presentas de manera adecuada, desarrollarás orgullo en tu apariencia, y ese orgullo, a su vez, construirá tu confianza.

La gente te felicitará, y eso también aumentará tu confianza. No tienes que gastar grandes cantidades de dinero en ropa y artículos de aseo. Sólo aprende lo que funciona para ti y te representa de la mejor manera.

No te compares con otras personas

Eres tu propio individuo con tus propias fortalezas y debilidades. Tienes tus propios sueños y logros, y cuando tratas de mantenerlos en contra de otras personas, no es justo para ti. Todo lo que pasa es que te derribas a ti mismo y tu confianza sufre.

Estaba hablando con una de mis amigas, y ella comentaba lo difícil que era hablar con alguien que parecía estar comparándose con otra persona. En una ocasión, se sintió como la tercera rueda porque los dos hombres habían estado tan preocupados en tratar de superarse mutuamente que apenas le dejaron decir una palabra.

Las mujeres no quieren ver cómo te comparas con los demás. Quieren ver quién eres como persona, por tu cuenta. Lo mejor que puedes hacer es aprender a dejar fuera a los demás en la habitación y concentrarte en dejar que tu originalidad brille. ¿Todavía estás perdido? Concéntrate en ella, y te impresionará de verdad.

Cuida de ti mismo

Para tener confianza, tienes que estar orgulloso de ti mismo. Tienes que cuidarte. Ya sea por tu apariencia física o tu bienestar mental, tienes que cuidarte primero.

Cuanto más sano estés en la mente y el cuerpo, más seguro estarás de que puedes manejar cualquier cosa que la vida te arroje.

Empújate

Una forma de crear confianza es haciendo cosas que crees que no puedes o que te asustan. Al presionarte y probar que puedes hacerlo, ganarás más confianza en tus habilidades.

Intenta hacer algo que te asuste cada día. Mira tus miedos, sean racionales o no, y desafíate a ti mismo. ¿No te gusta estar solo? Pasa algo de tiempo contigo mismo. ¿Odias hablar en público o hablar con extraños? Oblígate a hablar con alguien nuevo todos los días o levántate y habla frente a un grupo.

Rastréa tu progreso

Me encanta ir al gimnasio y hacer ejercicio, pero cuando empecé a ir hace años, no sabía lo que hacía y empecé y paré unas cuantas veces antes de averiguar finalmente la rutina de ejercicios que me funcionaba.

Algo que aprendí fue que al registrar mi progreso, tenía mucho más éxito y confianza en mis habilidades en el gimnasio. Pude ver no sólo lo que había logrado sino que también tenía pruebas de lo que era capaz de hacer. Así que, cuando la vocecita apareció y me dijo que no podía hacerlo, tenía una prueba física de que no sólo podía hacerlo, sino que ya lo había hecho.

Esto puede ser usado para cualquier área en la que estés haciendo progresos. No tiene que ser ejercicio. Puede ser un hobby, trabajo o incluso una cita. Al rastrear tu progreso, te volverás visiblemente más confiado en tus habilidades.

Practica el habla

Si no puedes transmitir lo que intentas decir de forma concisa e inteligente, la gente no va a responder, y tu confianza va a disminuir.

Practica hablar y contar historias. Una vez que puedas involucrar a alguien en una conversación, tendrás habilidades que significan que siempre podrás decir lo que piensas y avanzar hacia tus objetivos. Esto aumentará tu confianza y resonará con aquellos con los que hables, especialmente las mujeres.

Practica durante todo el día. Haz una pequeña charla en el ascensor. Conversa con el tipo detrás del mostrador en una tienda de conveniencia. Intenta contarles un chiste rápido. Cada vez que interactúas con alguien, ganas confianza.

Concéntrate en tus buenas cualidades

Es fácil caer en la práctica de ponernos en ridículo. Normalmente, es por miedo a ser engreído. Después de todo, ¿no se supone que debemos alabar la modestia?

Sí, pero eso no significa que no debamos reconocer, incluso celebrar, nuestras cualidades positivas. Sin embargo, hacerlo puede hacernos sentir mejor y aumentar nuestra confianza. Sin mencionar que puede ser molesto cuando la gente dice que no encuentran nada agradable que decir sobre ellos mismos.

Por lo tanto, pon en práctica el escribir al menos tres de sus cualidades positivas cada día. Por ejemplo, una de tus cualidades podría decir, "Tengo un corazón generoso". Así de fácil. Preferiblemente, escríbelo a mano en vez de a máquina o en tu smartphone. El acto físico de escribirlo a mano reforzará el mensaje para ti, así como leerlo en voz alta.

Esto se sentirá un poco tonto al principio, pero después de un tiempo, empezarás a disfrutarlo. A medida que te recuerdes continuamente tus buenas cualidades, empezarás a verte a ti mismo de una manera más positiva. Como resultado, tu confianza crecerá.

Sé positivo

Como regla, la gente negativa no es demasiado confiada. Normalmente confían en las habilidades básicas y en arreglárselas porque están demasiado ocupados quejándose.

Mantente positivo sobre ti mismo y el mundo. Si necesitas ayuda extra, siempre puedes usar afirmaciones positivas o mantras. Elige un tema para el día que sea positivo y en el que puedas trabajar. Tal vez consigas un libro de afirmaciones diarias o un calendario. Cada mañana lee uno y llévalo contigo al comenzar el día.

Usa tu presencia en las redes sociales para emitir vibraciones positivas. Cuanto más sientas falta de confianza o desanimación, empuja en dirección contraria a la gente en las redes sociales y sé un instrumento para la positividad.

Teje esto en tus acciones. No sólo serás positivo, sino que habrás logrado algo y tendrás más confianza.

Confianza con las mujeres

Puede que ahora mismo sientas que tienes confianza, pero cuando estás cerca de las mujeres es cuando no la tienes. ¿Sabes qué? Eso también es normal.

He conocido gente en el mundo corporativo que podría dirigir grandes empresas, ponerse delante de miles de personas y dar discursos inspiradores, pero cuando los pones en una situación de cara a cara con una mujer, se paralizan y no tienen ni idea de cómo actuar. Toda la confianza que mostraron en el resto de su vida se va de repente.

Esto no es algo malo. De hecho, es genial porque sabes exactamente en qué trabajar.

Entonces, ¿cómo construyes tu confianza, específicamente con las mujeres?

Aquí hay dos enfoques:

- Dar un paso a la vez. No te lances a lo más profundo. Tienes que aprender a caminar antes de poder correr. No esperes ser un conversador de clase mundial con una mujer en cuestión de minutos. Necesitas desarrollarte. Tal vez empezar con unas pocas líneas y cómo abrir una conversación. Vendrá rápidamente, pero necesitas construir los cimientos de la confianza.
- El otro enfoque es una especie de camino de ametralladora. Hablando con cada mujer que conozcas y acostumbrándote a interactuar y viendo lo fácil y bien que puede ir, tu confianza crecerá.

Realmente depende de tu personalidad y estilo. Algunas personas tienen ansiedad o falta de confianza cuando se trata de mujeres y pueden necesitar un enfoque que sea un poco menos impactante, mientras que otros necesitan ese giro de 180 grados para poner en marcha su confianza. Depende de su personalidad y de la situación.

Es importante recordar que hay una diferencia entre la confianza y ser condescendiente o agresivo. No sé cuántas veces mis amigas me decían que no les gustaba un chico porque parecía tan engreído y lleno de sí mismo, ¡sólo para descubrir más tarde que el chico sólo había estado tratando de fingir confianza!

La confianza es difícil de falsificar. Tienes que ser capaz de trabajar realmente para sentirla, y no sólo fingirla. Y no dejes que se te pase por la borda. Ninguna mujer quiere ser menospreciada o sentirse inferior a ti en el proceso.

Te sugiero que vayas por el estilo de la máquina y hables con todas las mujeres que quieras. Aumentarás tu confianza con la práctica.

Capítulo 7: La primera cita

Hablaste con ella, ambos se rieron juntos, y conseguiste su número. Ahora es el momento de la primera cita.

Entonces, ¿qué tienes que hacer para que sea un éxito?

Sé tú

Asegúrate de que no estás tratando de hacer un acto o de repente tratar de impresionarla en la cita.

Algunos chicos piensan que ahora que hay un bloque de unas pocas horas que estarán con la chica, necesitan contarles historias, impresionarlas con numerosas actividades en una sola cita. ¡No! **Sólo sé tú mismo.**

Manténte ligero

No importa cuánta conexión tengas, no querrás caer en temas pesados como relaciones pasadas o futuras. Nunca entres en un monólogo sobre tu ex o empieces a hablar de la futura familia que quieres tener.

Debes ser divertido y ligero. No dejes que los temas sean demasiado pesados, pero eso no significa que tengas que mantenerte al margen de las conversaciones profundas.

Manténlo simple

No planees una multitud de cosas por hacer. No debes planear una película, una cena, salir después y posiblemente hacer planes para el café y el postre.

Puede ser estresante sólo ir a una primera cita, y aunque todas estas cosas son divertidas, no quieres que eclipsen el tiempo que pasarán juntos. Mientras que debes hacer algo divertido, debes ser capaz de hablar y conocerse mutuamente también.

Hay un montón de cosas geniales que puedes hacer en la primera cita para que se interesen y para darles a ustedes dos el tiempo para hablar. Algunas de ellas incluyen:

1. Ir de picnic al parque. Hacer esto por la noche mientras ves la puesta de sol puede ser particularmente asombroso.
2. Ir a la biblioteca y sacar el libro favorito del otro.
3. Reunirse para tomar un café (esto ayuda a mantener las cosas más informales).
4. Caminar por el mercado de los granjeros.
5. Si sabes que le gusta estar en la naturaleza, considera llevarla al parque estatal más cercano. Hay pesca, natación, senderismo y mucho que explorar. Quédense hasta tarde y disfruten de mirar las estrellas juntos.

6. Que tengas una noche de cocina. Si estás nervioso por cómo dividir la cuenta, invítala a tu casa y hazle la cena. Puedes ser romántico y con ello conviertes la comida en una actividad de grupo donde cocinen juntos.

7. Visita a un museo. No importa dónde vivas, es probable que haya algún tipo de museo por ahí para comprobarlo. Intenta encontrar uno fuera del camino o uno con cosas interesantes y únicas que no haya visto antes.

8. Cata de vinos. Puedes llevarla a un tour organizado de vinos o simplemente visitar algunas bodegas locales, ya sea solos o en grupo.

Deberías tener cuidado con algunos lugares, especialmente en la primera cita. Una película puede ser divertida, pero no os da mucho tiempo para hablar. Y un restaurante elegante es una idea muy considerada, pero os pone nerviosos a los dos, y no tendréis tiempo para socializar.

Una cosa que hay que tener en cuenta es que hay que pagar por la actividad. Tradicionalmente, el hombre pagaba la comida y cualquier actividad. Esto demostraría que él podría ser un proveedor y cuidar de la mujer.

Hoy en día, depende de la mujer. Algunas mujeres todavía encuentran esto atractivo y no tendrán ningún problema con ello. Otras pueden sentirse incómodas de que alguien las pague o pueden ser demasiado independientes para permitirlo. Hacerse cargo y preguntarles con qué se sienten más cómodas es una buena manera de demostrar que realmente te importan sus sentimientos.

Hazlo antes de la fecha. Si quieres ser el que pague, díselo antes. Entonces, si es un gran problema para ellos, pueden hacértelo saber antes de que llegue la fecha y comience una acalorada discusión. Ya que es la primera cita, debes estár abierto a cualquiera de las dos opciones y deja que la mujer elija el camino a seguir.

Citas y salidas del grupo

Si estás nervioso, considera la posibilidad de salir en una cita grupal o una salida. La presión puede ser menor porque hay otras personas alrededor.

Sin embargo, debes tener claro que están en una cita y no sólo van en grupo. A medida que el evento avanza, trata de encontrar un tiempo a solas lejos de la multitud donde los dos puedan conectarse.

De qué hablar en la primera cita

Ambos están un poco nerviosos, así que la conversación puede ser un poco extraña y forzada al principio. Quieres conocerla, pero ¿qué le puedes preguntar?

Quieres preguntar cosas interesantes que los hagan hablar a los dos, pero no quieres ponerte demasiado personal de inmediato.

Prueba algunos de estos temas:

"Si pudieras conseguir un avión ahora mismo e ir a cualquier parte, ¿a dónde irías?"

- Esta es una gran pregunta porque es diferente a las preguntas habituales de viaje. Te permite conocer los lugares a los que le gustaría viajar pero también la mentalidad que tiene en ese momento. Si necesita unas vacaciones, podría decir que en algún lugar relajante. Si se siente romántica en el momento, podría decir que en algún lugar como París.

"Al crecer, ¿tenías un apodo?"

- Esto es informativo y divertido. Puedes aprender un poco sobre su infancia, pero también puedes obtener una historia divertida y personal sobre ella.

"¿Qué hay en tu lista de deseos?"

- Todos las tenemos. Esas cosas que queremos lograr antes de "patear el balde". Algunas de ellas pueden ser grandes mientras que otras pueden ser más pequeñas pero no menos importantes. Esto te da un gran lugar para hablar y tal vez encontrar algunas maneras de ayudarla a tachar algunas de su lista o tal vez de la tuya.

"¿Qué te asusta?"

- Esta es una excelente pregunta porque hará que se abra. Te está haciendo conocer sus miedos, así que asegúrate de ganarte su confianza no despreciándola. Comparte los tuyos, para que se sienta segura de habértelos dicho.

"¿Cuál es una canción que podrías escuchar una y otra vez?"

- La música puede ser muy emotiva, y a menudo hay canciones que nos encantan porque están conectadas con momentos maravillosos de nuestras vidas. Preguntarle sobre una canción que signifique mucho para ella le ayudará a abrirse. Lo más probable es que ella te cuente la historia que hay detrás de ella, y con ello te acercarás un poco más.

Luego están siempre las viejas preguntas de entrada:

- " Si estuvieras varado en una isla desierta, ¿qué cosas te gustaria ser o hacer? ¿O qué comida comer?
- "¿Cuál es el trabajo de tus sueños?"
- "Si ganaras la lotería, ¿qué harías con el dinero?"
- "Si pudieras cenar con alguien de la historia, vivo o muerto, ¿quién sería?"
- "¿Cuál es la peor frase para ligar que alguien ha usado contigo?"
- "¿Qué tipo de películas y programas de televisión te gustan? ¿Qué tal la música y los libros?"

Temas a evitar

En ***Cómo Hablar con las Mujeres***, discuto ampliamente cómo tener grandes conversaciones, cómo dirigirlas y cómo crear química mientras se habla. También discuto extensamente los temas a evitar en las conversaciones. Para obtener más información, consulte.

Aquí hay algunos temas que definitivamente hay que evitar:

Dinero

Probablemente es un poco pronto para empezar a decirle cuánto ganas, en qué te gusta gastar tu dinero o tus planes de jubilación. Tampoco es asunto tuyo cuánto gana ella. Eventualmente, en el futuro, hablarás de ello (y realmente deberías hacerlo antes de entrar en una relación) pero por ahora, mantente alejado del tema.

Mujeres ideales

No puedo creer que los chicos hagan esto (y las mujeres también). Consiguen una cita con una mujer increíble, y en vez de aprender sobre ella, dicen lo que buscan en una mujer, sin importar lo que tenga a su favor. Dirán cosas sobre cómo les gusta esto o aquello, o una cierta apariencia o tipo, todo lo cual no saben si es ella.

Esto es increíblemente grosero e irrespetuoso. Estás en una cita con ella, así que dale toda tu atención. En ese momento, en lo que a ti respecta, no hay otras mujeres en el mundo.

Política y religión

Hasta que no sepan cuál es su posición, tengan mucho cuidado con estos temas. No querrás que una cita maravillosa se arruine porque dijiste algo apresurado sobre sus creencias.

Tus ex

Va a salir a la luz, pero no te preocupes por eso. Quiere saber de ti, no de las mujeres con las que has salido.

Historia sexual

Como tus ex, esto saldrá eventualmente, pero la primera cita no es el momento. Podría hacer que una noche agradable sea muy incómoda. Lo más probable es que alguien termine sintiéndose juzgado, ya sea por tener demasiada experiencia o por no tener la suficiente, y eso no te llevará a ninguna parte. Si parece que te diriges a pasar la noche juntos, entonces querrás tener esta conversación antes de seguir adelante. De lo contrario, no es necesario todavía.

Cuando el tema finalmente salga a la luz, sé honesto. No puedes tener una relación fuerte y saludable si mientes sobre algo como esto. Si sólo has tenido una pareja o incluso si eres virgen, díselo. Si te juzga por eso, no es el tipo de persona con la que querrás estar y es bueno que lo descubras ahora. Por otro lado, si te has acostado con muchas mujeres, díselo también, pero no te jactes de ello. Tampoco finjas modestia. Es sólo otra forma de presumir sin admitir que estás presumiendo. De cualquier manera, la cita terminará mucho antes de lo que te gustaría si abordas el tema de esa manera.

Su futuro juntos

He notado una tendencia irritante entre las generaciones más jóvenes últimamente. Parece que en lugar de tener la etapa de "salir" o "tener citas", en la que dos personas se conocen y están abiertas a tener citas con otras personas también sin un compromiso real, la primera cita envía inmediatamente a una pareja a la etapa de "citas" o "novio/novia". Lo siguiente que sabes, es que estarán hablando de su futuro juntos. Suena un poco ridículo, ¿verdad? ¿Quizás incluso un poco desconcertante?

Así es exactamente como sonaría si empezaras a hablar de un hipotético futuro con una mujer en tu primera cita. Parece un poco indignante que alguien haga esto, pero tanto hombres como mujeres son culpables de ello. No importa quién lo empiece, típicamente, asusta a la otra persona. Es entonces cuando la primera cita también se convierte en su última cita. Hazte un favor y no te adelantes.

Ubicación correcta

La gente parece pensar que hay que atenerse a una cierta rotación de tipos de lugares cuando se trata de primeras citas: cines, restaurantes rápidos, casuales o de lujo, cafés, etc. Sin embargo, eso simplemente no es cierto. La ubicación exacta en sí misma no importa realmente. Diablos, una de mis primeras citas favoritas fue comer McDonald's en mi auto mientras veía las gotas de lluvia caer al río. No, todo se reduce a lo bien que el lugar te ayuda a conocer a tu cita.

Tampoco tiene que ser una cena. Tal vez el café sea suficiente porque ambos están ocupados. Además, de esa manera puedes asegurarte de que hay una buena conexión antes de poner el dinero para la cena.

Asegúrate de elegir un lugar agradable y no demasiado ruidoso. Conciertos, clubes y boleras, por ejemplo, pueden ser demasiado ruidosos para tener una conversación que valga la pena. Al mismo tiempo, tampoco querrás elegir un lugar donde se espere silencio. Las películas se consideran un clásico de las citas y la mujer a la que has invitado a salir puede que quiera ver la nueva exposición de Picasso, pero tanto los cines como los museos esperan un cierto nivel de silencio, así que conocerse será casi imposible.

Escoge un lugar que muestre que la escuchaste durante tu última conversación. ¿Mencionó que pasó un verano en el extranjero en Italia? Llévala a ese bonito restaurante italiano que está cerca de tu oficina. ¿Es una bebedora de té de cabo a rabo? Considera llevarla a una casa de té en vez de a un café normal. ¿Ama la naturaleza? Empaca un par de sándwiches y un poco de agua y pasa el día en el parque. No elijas un lugar en el que te sientas absolutamente miserable sólo para complacerla, pero muéstrale que te esfuerzas por elegir un lugar que creías que le gustaría.

No vayas a un lugar al que hayas traído otras citas, especialmente si es un lugar que tú y una antigua novia solían frecuentar. Me mantendría alejado de los restaurantes a los que no has ido a menos que haya una buena crítica online.

Y recuerda, no tienes que pagar una pequeña fortuna por una primera cita. Honestamente, muchas mujeres se sentirán incómodas si gastas demasiado en ellas al principio, en parte por humildad y en parte por el precedente cultural de que los tipos que lo hacen esperan algo a cambio. La mayoría de las mujeres sólo quieren divertirse y pasar tiempo conociéndote. Si ella hace un alboroto porque piensa que no gastaste lo suficiente, bueno, entonces es mejor que lo descubras ahora y la dejes libre antes de que se vuelva demasiado serio.

Cómo burlarse y coquetear

Para que lo sepas, ve a leer mi libro ***Cómo Coquetear con las Mujeres***. El volumen entero está dedicado a las formas de romper el hielo, iniciar una conversación, tener confianza y un montón de otros grandes puntos. Aquí hay algunos destacados específicamente para una primera cita:

- Prueba con alguna insinuación divertida. Tal vez tomar algo que dijo mal como si fuera sexual y hacerle pasar un mal rato.
- Tocar es muy importante, pero asegúrate de hacerlo en el momento adecuado. Intenta puntuar una historia tocando su mano.
- Intenta burlarte un poco de ella. Podría ser sobre algo que dijo o algo que hizo. No seas cruel, pero sé juguetón y divertido.
- Cuando le cuentes historias sobre tu vida, asegúrate de que sean divertidas y que las

cuentes bien. Si cuentas chistes, asegúrate de que sean divertidos y apropiados.

- Asegúrate de mantener el contacto visual durante tu cita.
- Trata de imitarla por diversión, pero no vayas demasiado lejos con eso.

Pedir la segunda cita

Primero que nada, siempre ve a la segunda cita antes de dar las buenas noches. Puede que no tengas la actividad o la hora exacta, pero debes saber que ella quiere verte de nuevo. Sin embargo, haz lo mejor que puedas para conseguir algo específico.

No tiene que ser formal. Intenta decir algo como "deberíamos hacer esto de nuevo alguna vez". Si responde afirmativamente, entonces no dudes. Prepara algo en ese momento. Ella verá que eres serio y probablemente diga que sí.

Si dice que no o que ya veremos, tendré que ser honesto contigo, probablemente no se volverán a ver. Lo más probable es que lo hayas cogido antes, pero eso será seguro.

Al final de la fecha

La noche está terminando. Ambos la pasaron muy bien, y se están preparando para decir adiós. Entonces, ¿cómo deberías hacerlo?

Agradece

Hazle saber que la pasaste bien y que estás agradecido de que hayas salido con ella. No necesitas brotar y repetirte una y otra vez, pero hazle saber que te divertiste. Un sincero "Gracias" puede llegar muy lejos.

Asegúrate de que llegue a casa a salvo

Puede que la hayas recogido, o puede que haya conducido hasta el lugar o haya tomado un auto compartido. Como sea que haya llegado allí, es tu responsabilidad como hombre asegurarte de que llegue a casa a salvo.

Ofrécete a llevarla a casa si no conduce. Si lo hizo, asegúrate de ofrecerte a acompañarla hasta su auto.

Cuándo besarla

Ok, puede que no sea la respuesta que quieres oír, pero es la verdad.

Deberías saberlo la mayoría de las veces.

Te dije que no era la respuesta, pero es verdad. En ***Cómo Hablar con las Mujeres***, mencioné algo llamado la chispa. Es esa electricidad que se siente cuando dos personas se atraen entre sí. Algunas personas lo llaman química o energía sexual, pero es sólo la sensación que dos personas tienen cuando se sienten atraídas.

La mayoría de las veces, al estar parado ahí al final de la cita, lo vas a sentir. Así que, si lo haces, inclínate y bésala. Lo más probable es que se encuentre contigo a mitad de camino.

A menudo, las mujeres besan a alguien que les gusta pero con el que no están completamente conectadas, pero eso no significa que debas aprovecharte de ello. No entres con la boca abierta a meterle la lengua en la garganta.

Una cosa sobre el beso es que puede ser una prueba. Puede que sólo quiera probar un poco para ver cómo te manejas o si sabes lo que haces.

Así que no tengas expectativas. Entra en el momento y disfrútalo.

Honestamente, si sientes la chispa, no tienes que esperar hasta después de la cita. Una de las cosas emocionantes son esos pequeños momentos en los que te acercas y accidentalmente te rozas, y tus labios están a pocos centímetros de distancia. Muy a menudo esto se convertirá en un beso, y la cita no ha terminado ni a la mitad.

Eso siempre es genial porque lleva a más besos y el estrés de "¿conectas?" ya ha terminado. La química está en ebullición, y las cosas van muy bien.

Sexo en la primera cita

Siempre he sido honesto contigo, ¿verdad? Bueno, aquí voy de nuevo. El sexo ocurre en la primera cita, pero no tan a menudo y, honestamente, no debes hacer que ocurra.

Si sólo quieres anotar, entonces, por supuesto, ve por ello. El siguiente capítulo trata sobre el sexo. Pero si buscas desarrollar una relación significativa, te sugiero que ni siquiera pienses en ello. Puedes bromear y trabajar para tener una cita sexualmente cargada y tal vez incluso hacer un poco de tonterías antes de ir a casa, pero yo me guardaría el sexo para unas cuantas citas más adelante.

Sobre todo, nunca esperes sexo en la primera cita o en cualquier otra. Honestamente, incluso cuando estás en una relación, no esperes tener sexo. Cuando te pones expectativas, no es justo para la mujer, y te estás preparando para una posible decepción. No significa que no lo quisiera o que no quisiera tener sexo o que no planee tenerlo. Simplemente no esperes que tengas derecho a ello.

Después

No finjas estar interesado si no lo estás. Sé honesto pero amable. No le digas que llamarás si no lo planeas hacer.

Si te gusta, llama o envía un mensaje de texto, pero no la asfixies o lo hagas demasiado ya que parecerá que estás necesitado. Está bien enviar un mensaje de texto agradable después de la cita diciendo lo mucho que te divertiste y tienes ganas de volver a verla.

Asegúrate de fijar los detalles para tu próxima cita de inmediato. Intenta ver si puedes hacer algo en una noche en la que no tengas que preocuparte de cuándo estás envuelto.

Capítulo 8: Sexo

Es lo que todos estamos buscando, ¿verdad? Puedes ser el tipo de hombre que lo necesita casi a diario y estarás feliz de tener sexo con cualquier mujer, o puedes ser un poco más selectivo por razones físicas o emocionales. No importa. Eventualmente, todos queremos tener sexo. Supongo que esa es una gran razón por la que escogiste este libro.

Conoce tu educación sexual

Es difícil de creer, pero parece que cada vez hay más hombres que no prestan atención en las clases de educación sexual, que las tienen muy malas o que están exentos de ellas. No parecen saber nada sobre anatomía femenina, sexo o sexo seguro. Algunos de ellos apenas conocen su propia anatomía.

Recuerdo haber hablado con un tipo en Twitter que pensaba que las mujeres podían tener sus períodos y elegir cuando ocurrían. En serio! Pensaba que los productos femeninos eran innecesarios porque podían "esperar a llegar al baño si querían". Me siento perfectamente cómodo en mi masculinidad e identidad de género, pero eso es lo más cerca que he estado de avergonzarme de ser un hombre.

Por favor, repasa tu educación sexual antes de acostarte con alguien. ¿Por qué es eso importante? Porque si no entiendes cómo funciona, no hay forma de que seas bueno en ello. Aunque sepas más o menos lo que te hará sentir bien, si no entiendes o no recuerdas correctamente la educación sexual, no podrás averiguar lo que la hará sentir bien. Confía en mí, es mucho mejor cuando ambos pueden disfrutarlo.

Las mujeres también se sentirán más atraídas por ti si conoces tu trabajo en esta área. Puede que no salga a menudo en la conversación, pero si lo hace, parecer informado es la mejor opción. De lo contrario, no pareces un simple idiota, sino un cerdo misógino.

La seguridad es lo primero

Ok, chico, tienes esto metido en la cabeza desde que viste a tu primera chica. Ten cuidado. No querrás atrapar algo o, más aún, tener pequeñas versiones de ti corriendo por ahí. Con toda seriedad, parte de ser un hombre de verdad es actuar responsablemente y protegerse a sí mismo y a sus parejas. Sé un hombre.

Preservativo

Siempre usa un condón a menos que estés en una relación comprometida. Aún así, asegúrate de haber hablado de los anticonceptivos y de tus ideas sobre qué hacer si ocurre lo inesperado.

Hazte pruebas regularmente. Aunque practiques el sexo seguro, hazte pruebas regularmente para detectar enfermedades de transmisión sexual.

No creas en los mitos

Hay algunos mitos sobre las formas en que puedes evitar que una chica se quede embarazada sin protección. Una de las formas más prominentes y conocidas es la llamada "retirada", en la que el hombre se retira justo antes del gran momento. El problema es que no hay garantía de que esto prevenga el embarazo. De hecho, no hay pruebas de que alguno de los mitos funcione. Ya que eres un adulto, sugiero que dejes de lado todo el alboroto y te vayas con lo que ya se ha probado: condones, control de natalidad, esponjas y otros tipos de anticonceptivos.

No hay sigilo

"Sigiloso" es cuando un hombre se pone un condón al principio del sexo, a menudo a petición de la mujer, y luego se lo quita en algún momento sin decírselo. A menudo, la mujer no se enterará hasta que descubra que tiene una ETS o que está embarazada.

Ahora, la mayoría de los hombres no harán esto. Es una cosa cobarde e idiota. Aún así, hay algunos hombres que intentarán que las mujeres desconfíen aún más de los hombres. Sólo porque te sientas mejor sin el condón no significa que sea lo correcto. Piensa en el panorama general, y respeta a la mujer con la que estás lo suficiente como para usar un condón si eso es lo que ella quiere.

Ponerlo no es la única manera de conseguir algo

No es el tema más divertido, pero la cruda realidad es que puedes contraer enfermedades por sexo oral, tanto dando como recibiendo. Probablemente la más común de este tipo es el herpes. Aunque no es sexy, ten en cuenta el uso de condones o barreras dentales durante el sexo oral.

Esta es una de esas razones para empezar a hablar con las mujeres sobre la historia sexual antes de acostarse con ellas. Tienes que hacer un esfuerzo para protegerte con el conocimiento.

La virginidad

También es posible que hayas escogido este libro y seas virgen. Nunca has tenido sexo antes y no sabes qué hacer, esperar o cómo proceder. ¿Qué haces para tener la oportunidad de tener sexo? ¿Pasa algo malo porque todavía no lo has hecho?

En primer lugar... no te pasa nada. Hay gente que ha permanecido virgen durante años y aquellos que la perdieron cuando eran adolescentes. Todos son diferentes.

¿Es una elección o una circunstancia?

Algunas personas deciden esperar a tener sexo hasta que sea con alguien que les importa o aman o incluso hasta el matrimonio. Es una elección personal, pero honestamente, es una que muchas personas hacen en la adolescencia o a principios de los 20 años y luego terminan cambiando de opinión.

Si crees que eres virgen por las circunstancias, que no puedes encontrar una mujer que tenga sexo contigo, eso es basura. Siempre habrá una mujer por ahí que tendrá sexo contigo. Siempre. La pregunta es, ¿quieres tener sexo con ella? Supongo que ha habido numerosas oportunidades para que tengas sexo, pero probablemente no te diste cuenta de que estaban ahí fuera. No es circunstancial, es una elección que hiciste.

¿Deberías decírselo a la mujer?

Es difícil, pero mi respuesta inicial sería no, con una advertencia.

No creo que debas ofrecer la información. No debería salir en la conversación. "Bueno, yo nací en Boston. Me gusta el fútbol y soy virgen a los 26 años".

Sí, no es una buena idea.

Sin embargo, si surge de forma natural y sientes una conexión con ella, está bien decírselo. Pero no te preocupes por eso. No le digas que te sientes extraño, o que te falta algo. Sólo dile que la oportunidad correcta no ha surgido todavía y déjalo así.

Te sugeriría que se lo dijeras después del hecho, si no lo ha hecho ya. No querrás que piense que no tienes experiencia. Ella estará más feliz de saber que es la primera y querrá tener sexo contigo para enseñarte lo que sabe y ver lo que pueden aprender juntos.

¿Y si soy malo en eso?

El sexo no es algo como lo que se ve en las películas. Siempre ves que va perfectamente, nadie se tira del pelo, nadie pone las cosas donde no deben, todos se ven muy bien después.

El sexo puede ser desordenado, lleno de errores y problemas incluso con los participantes más experimentados, especialmente la primera vez juntos. Así que no te preocupes.

¿Puedes decir que nunca he tenido sexo?

Bueno, la forma segura de que se dé cuenta es si se lo dices.

En su mayor parte, no, no lo va a saber. De hecho, la mayoría de los chicos que tienen poca experiencia tienden a presumir más de ello. Y las mujeres lo saben.

En cuanto al acto en sí, lo más probable es que esté un poco nervioso porque es su primera vez juntos. Ella quiere divertirse pero lo más probable es que tenga sus propias inseguridades y miedos. Así que mientras no hagas algo fundamentalmente malo como intentar ponérselo en su oreja, no va a estar preocupada de que sea tu primera vez.

Ella puede pensar que eres inexperto (lo cual es así), pero como dije antes, deberías decírselo después.

¿Pero qué pasa si sabes... que se acaba muy rápido?

Es un asco. Y le pasa a todos los chicos.

Sé honesto con ella. Explica que fue tu primera vez. Mientras no te pongas raro o llores o algo así, ella lo entenderá. Y si no lo hace, está bien. Su verdadera personalidad está saliendo a la luz, y tú la estás viendo.

Si notas que se está convirtiendo en un problema, entonces puede que tengas que empezar a trabajar en tu técnica o lugar mental para que dures más tiempo. Intenta diferentes posiciones y formas de tener sexo que no te empujen hacia el final tan rápidamente. Siempre hay que pensar en los resultados del béisbol.

Honestamente, cuando tengas más experiencia y estés con alguien con quien tengas una conexión, durarás el tiempo justo.

Iniciando el sexo

El sexo normalmente sólo ocurre. No está planeado, al menos por la pareja. Por lo general, es sólo cuando la acumulación es correcta; el momento ha llegado.

Si ya se están besando y te estas moviendo hacia ella, entonces sólo déjala progresar. Sin embargo, en algún momento, puede que retroceda. Sé muy consciente de lo que te está diciendo.

Cuando ella lo inicia

Admitiré que a veces los hombres podemos ser un poco ignorantes cuando son las mujeres las que tratan de iniciar el sexo. Las mujeres pueden ser mucho más sutiles con sus avances. Cuando combinas eso con no querer hacer ninguna suposición, los avances de las mujeres pueden pasar por encima de nuestras cabezas.

Poco después de la universidad, empecé a ver a una mujer mayor llamada Miriam. No nos acostamos enseguida, así que pensé que Miriam quería tomarse las cosas con calma. En la cuarta cita, me invitó a su casa ya que sus hijos estaban con su padre durante la semana. Después de la cena, nos acurrucamos en el sofá para ver una película en Netflix. Nos besamos un poco pero nada demasiado serio. De repente, Miriam puso su pierna sobre la mía, causando que su vestido *corto se subiera*. Luego, empezó a pasar su mano sobre mi pecho. El clavo en el ataúd, lo que realmente debería haberla llevado a casa, fue cuando me dio un beso en el cuello. ¿Y qué hice?

Nada. Como un idiota, le sonreí, le besé la frente y luego volví a ver la película con ella encima. Afortunadamente, Miriam, siendo una mujer mayor, cuyas alabanzas canto en **Cómo Coquetear con las Mujeres,** sabía que no debía jugar tanto tiempo y finalmente me besó en los labios. Las cosas progresaron naturalmente a partir de ahí.

Después, Miriam me admitió que había estado tratando de "seducirme" (sus palabras), y yo admití que no tenía ni idea. Después de reírnos a costa mía, Miriam compartió una de las muchas y valiosas lecciones que me enseñó en nuestra relación: la mayoría de las mujeres son sutiles en cuanto al sexo. Serán *sensuales*, explicó, no abiertamente sexuales.

Desde ese día supe qué tipo de cosas hay que tener en cuenta cuando una mujer intenta iniciar el sexo.

- Tocar. Te acariciará el pecho o el brazo, te tocará la parte interior de la pierna, pasará su mano por tu mandíbula. Está tratando de estimularlos a ambos a través del tacto. Y lo admito, es un buen estímulo.
- Proximidad. A veces estar cerca de ti significa sólo abrazarte y querer estar cerca. Aunque si te envuelve la pierna, puede significar algo más. Tendrás que estar atento a otras señales para estar seguro.
- Discurso. ¿Está hablando inusualmente bajo y respirando? Podría ser un signo de excitación sexual.

- Exponer la piel. Si deja que su ropa se mueva a propósito para exponer su piel, esto podría significar que te está invitando a tocarla. Sin embargo, ten mucho cuidado con esta. Su piel podría estar mostrándose sin ninguna intención real detrás de ella, así que asegúrate de buscar otras señales primero antes de intentar algo. Si han estado saliendo el tiempo suficiente para sentirse cómodos el uno con el otro, prueba las aguas tirando juguetonamente de la ropa hacia abajo y burlándote de ella por ello.
- Besos. Este es bastante obvio. Si ella inicia con los besos, el sexo podría estar en camino. Eso sí, ella podría estar buscando una buena sesión de besos, lo cual también puede ser divertido, pero no te sorprendas si va por la ruta del sexo en su lugar.

Ahora bien, aunque la mujer lo inicie, no significa que tenga que seguir adelante. Claro, podría ser molesto sentirse burlado de esa manera, pero es su elección. Incluso si estás en medio del acto, si ella te dice que quiere parar o indica de otra manera que quiere parar, **para**. Sólo porque ella lo haya empezado, no significa que tenga que verlo todo.

Rechazo total

Esta es una mujer que no va a cambiar de opinión. Podría ser que no se sienta atraída por ti de una manera que no puedas cambiar. Tienes que respetarla. Además, en cierto punto, tu súplica de sexo realmente la va a desanimar.

El lado bueno es que no hay muchas de estas mujeres por ahí. Una de las mayores mentiras del mundo es que las mujeres no quieren tener sexo. Por supuesto que sí.

Una resistencia parcial

Los dos se están besando y divirtiendo, pero ella ha dibujado una línea en la arena y no te permitirá cruzarla. Pero ella todavía quiere jugar. Puede que todavía ocurra, pero tiene que hacerte saber que está bien antes de que te muevas.

Resistencia a ser tocada

Este es un término que ha surgido en los últimos años. Significa que se está resistiendo a ti porque eso es lo que se espera que hagas.

Normalmente se puede saber cuando esto está en juego porque ella podría decir algo como "No deberíamos estar haciendo esto" ya que hace exactamente eso. Un movimiento que sucede mucho es que ella te detendrá por un momento y luego se lanzará sobre ti con una pasión aún más acentuada.

Las mujeres no quieren dar la impresión de que se regalan y quieren hacerte trabajar un poco por ello. Esto es parte del juego, y si lees mal las señales, ella te dirá que es hora de ir a casa, y no entenderás por qué.

Aquí está mi pensamiento sobre el tema. O quiere, o no quiere. No quiero jugar este juego de ida y vuelta. Así que, respetuosamente diré que, ya es hora de que me vaya. Esperaré hasta cuando estemos en un punto en el que estemos listos para tener sexo.

Necesitas tomar tu propia decisión, pero a ella le importa qué, respetes sus límites.

¿Por qué no quiere tener sexo conmigo?

Ella no confía completamente en ti

Una mujer necesita confiar en ti para entregarse físicamente. Algunas mujeres pueden fingir, pero si buscas algo más profundo, deberías respetar que ella necesita más antes de poder tener sexo contigo.

No hay suficiente tensión sexual

No está bien. Fue divertido besarte, pero no es suficiente para que ella quiera tener sexo contigo.

No quieres sexo por lástima, así que cálmate un poco.

Está preocupada por las consecuencias

Puede que trabajen juntos, conozcan a las mismas personas o puede que ella esté preocupada por cómo afectará esto a su relación. Es todo el tema de "qué pensará de mí por la mañana".

Dependiendo de cuánto tiempo hayan estado saliendo, puede que necesites tener una discusión sobre lo que ella necesita para sentirse segura contigo. Y después del sexo, asegúrate de no darle la espalda a las garantías que le hayas dado.

Nunca prometas estar con ella para siempre ni otras metas elevadas e inalcanzables. Después de que la gente se pelea, dicen, "No peleemos nunca más", pero saben que lo van a hacer.

La gente cambia, y no sabes lo que va a pasar en un par de años. Siempre asegúrate aquí y ahora de que puedes seguir adelante con las cosas, como tu carácter y los valores masculinos.

Una historia de sexo que salió mal

Cuando estaba en la universidad, tenía un buen amigo llamado Sammy, que había ascendido desde una familia y un vecindario de bajos ingresos y obtuvo una beca completa para nuestra universidad. Sacó buenas notas, era un gran tipo y tenía un futuro muy brillante.

Una noche en una fiesta, conoció a una chica y se llevaron bien. Terminaron teniendo sexo, y todo parecía genial.

Luego, unas semanas más tarde, la chica fue a la administración de la escuela y les dijo que Sammy la había violado. Dijo que había intentado detenerlo y que Sammy la había forzado.

Todos estábamos sorprendidos. Conocíamos a Sammy desde hace años, y esto no era el tipo de cosa que él haría. Él respetaba a las mujeres y era ese tipo de hombre. Nunca podría haber hecho esto.

Sin embargo, la escuela investigó y en base a lo que la chica les dijo, Sammy fue suspendido en espera de una investigación.

Esto le hizo perder su beca, y tuvo que dejar la escuela durante la investigación porque no podía pagar las clases o el alquiler o la comida. Tuvo que conseguir un trabajo, y el único lugar al que podía ir era a su antiguo vecindario mientras la investigación continuaba.

Se prolongó durante meses, y finalmente, la chica admitió que él no la violó, que sólo se sentía culpable por tener una aventura de una noche. Eso sacudió a la escuela. Todo el mundo hablaba de ello y de cómo nuestro amigo Sammy había sido exonerado.

Pero para Sammy, era demasiado tarde. No podía recuperar su beca y no podía pagar la escuela sin ella. Tuvo que conseguir un trabajo mal pagado y, lo último que supe, es que trabajaba en una tienda de ropa para hombres tratando de llegar al fin de mes.

La razón por la que te cuento esta historia es porque tienes que darte cuenta de que tienes que ser muy cuidadoso con el consentimiento y la lectura de los signos. Incluso hay algunas escuelas que han llegado a requerir un consentimiento escrito antes de que los estudiantes tengan sexo.

Mira, no estoy tratando de quitarte la diversión del sexo, sólo estoy explicando cómo un hombre responsable necesita abordarlo. Parte de ser responsable es no ponerse en situaciones en las que pueda meterse en problemas. No se trata sólo de presionarla demasiado, sino también de estar en situaciones en las que las cosas podrían tomarse mal. Necesitas estar siempre consciente y ser observador de las señales.

Si la mujer ha tomado más que unas copas de cualquier cosa, simplemente no tengas sexo, incluso si parece interesada o actúa como si lo quisiera. La gente no toma las mismas decisiones cuando está sobria que cuando está borracha. Es mucho mejor estar del lado seguro (y posiblemente tenerla enojada contigo por la noche) que hacer algo y hacerla sentir que se aprovechó de ti.

No necesitas saber por qué

Algunos hombres piensan que sólo porque se les ha negado el sexo tienen derecho a saber por qué. La dura verdad es que **no es así**.

Cualquier razón que tenga una mujer para resistirse al sexo es suya. El sexo es una experiencia muy personal, y lo que una mujer quiere hacer con su cuerpo es su elección.

Hay muchas razones por las que una mujer no elige tener sexo contigo, muchas de las cuales no tienen nada que ver contigo. Ella podría haber salido de una mala relación. Dios no lo quiera, podría estar pasando por algún trauma relacionado con el abuso sexual. Y puede que no esté de humor. No sabes por lo que ha pasado antes, y no sabes por lo que está pasando ahora. Tal vez algún día confiará en ti lo suficiente como para decirte por qué se mantuvo al margen, pero hasta entonces, no es asunto tuyo.

Resistencia al sexo

Ok, esta es una difícil, porque recuerda... **No significa No**.

Resistirse al sexo no significa que no le gustes o que no esté interesada en tener sexo, pero tienes que respetarla y respetar lo que dice.

Dejarlo para después

Puede haber razones por las que no quiera tener sexo ahora mismo, y no importa lo que hagas, no vas a hacerla cambiar de opinión.

A los hombres no les gusta hablar de ello, pero ella podría estar teniendo su período. Así que, honestamente, el sexo no va a suceder (al contrario de lo que se cree, la mayoría de las mujeres no son fanáticas del sexo sangriento, y la idea de las Alas Rojas les da asco). Así que puedes presionar todo lo que quieras, pero todo lo que vas a hacer es molestarla.

Puede que mencione que por eso se mantuvo alejada, pero probablemente no hasta que ya estén avanzando por ese camino.

Cómo tener un gran sexo

Bien, no voy a darte una lección sobre la sexualidad humana. Ya sabes lo que va dónde y cómo funciona todo el proceso. Si no, te sugiero que vayas a buscar un libro de biología y veas algo de porno.

Lo que puedo ofrecerte son algunas formas de hacerlo genial.

Mi primer consejo... no preguntes "¿Te gusta eso?" una y otra vez.

No existe la normalidad... pero asegúrate de que le gusta.

Hay todo un espectro de actos sexuales en los que la gente está involucrada. A algunas personas les gusta un poco de esclavitud mientras que a otras les gusta mucho. Algunas mujeres no soportan en absoluto los azotes, mientras que a otras les encanta y gritan por más.

Cada uno está conectado de manera diferente, y parte de la diversión del sexo es descubrir lo que les gusta a ambos.

Te sugiero encarecidamente que no te metas en "otras cosas" durante tu primera vez juntos. Si ella pide algo, por supuesto, dale lo que quiere. Lo más probable es que la primera vez sea una bofetada juguetona o una charla sucia. A medida que avanzan en la relación, pueden hablar de lo que les gusta o de lo que sienten curiosidad.

Nota: No sugieras un trío. A la mayoría de las chicas no les gustan, y honestamente, no están tan locas como deberían.

No eres una estrella del porno

No intentes replicar cada posición que has visto en el porno. Y no pienses que tienes que actuar a ese nivel. El sexo debe ser divertido, pero íntimo. No necesitas tratar de recrear el Kama Sutra.

Lo que mucha gente no entiende es que una escena profesional de 20 minutos en promedio puede tomar un día entero y varias sesiones para filmar. La estrella porno masculina promedio tendrá un orgasmo; le dan unos minutos y siguen filmando. Podría tener media docena durante el curso del rodaje.

A menudo, también utilizan Viagra u otras drogas de mejora. Tener sexo durante media hora no es la norma.

No te preocupes por cambiar las cosas y tratar de deslumbrarla. Sólo mantente con ella en el momento, y estarás bien.

Escuchar

Escucha la forma en que reacciona. Cuando haces ciertas cosas, ¿ella se queja más? ¿Hace ruidos diferentes? ¿Te dice que no te detengas?

Además, el silencio no siempre es algo malo. He estado con varias mujeres que se callaban por un tiempo antes de tener orgasmos intensos. A veces, si lo haces tan bien, tienen que juntarse lo suficiente para hacer ruido durante los orgasmos.

¿Y si es su primera vez?

Al igual que podría ser tu primera vez, también podría ser la primera vez de ella. Puede que ella tampoco te diga que es su primera vez, y puede que no te des cuenta hasta que el acto ya esté hecho. Si te lo hace saber, no entres en pánico. En primer lugar, es una buena señal. Significa que confía en ti lo suficiente para que seas su primera vez y para hacerte saber que es su primera vez. En segundo lugar, todavía es posible tener un gran sexo en este caso. Sólo que requiere mucho cuidado y consideración.

Aquí hay algunos consejos sobre cómo tener un sexo seguro cuando es su primera vez:

- Sé amable. La primera vez de una mujer puede ser muy dolorosa, incluso en las mejores circunstancias, así que no seas demasiado brusco.

- Ten paciencia. Puede que empiece a tener dudas a mitad de camino. Si ese es el caso, no intente presionarla para que continúe. Puede que decida seguir adelante a pesar de sus dudas. Si no lo hace, apreciará que respetes su elección, lo que sentará las bases para una relación sólida en el futuro.

- Escúchala. No me refiero sólo a escuchar lo que pueda decir, aunque obviamente si dice algo durante el sexo, deberías prestar atención. Lo que realmente quiero decir es escuchar a su cuerpo. Presta atención a cómo reacciona a ciertas cosas. Si su cuerpo reacciona positivamente a algo, toma nota de ello. Si reacciona negativamente, no lo vuelvas a hacer.

- Habrá un desastre después. No te avergüences o la avergüences por ello. Sólo lava las sábanas, tal vez debas buscar en Internet algún truco para quitar las manchas. Puede que incluso quieras poner una toalla antes para que la sangre y otros fluidos lleguen allí en su lugar.

- Lo más importante es asegurarse de que está bien. Aunque inevitablemente habrá algo de dolor, llegará un momento en que será demasiado para ella, y es cuando debes detenerte y controlarla. Puede que le dé vergüenza decírtelo, así que sé su defensor. Hazle saber que no te enojarás si necesita un poco de tiempo. Después de todo, el sexo no será realmente bueno si alguien está sufriendo todo el tiempo o si algo sale terriblemente mal.

Si está haciendo algo que no te gusta, hazle saber

Lo más probable es que esté usando las habilidades que aprendió de sus experiencias y lo que los hombres le han dicho que les gusta. Bueno, eso no significa que te vaya a gustar. Así que, dile amablemente lo que se siente bien. Intenta guiarla en lugar de dar órdenes.

O puede que te abra a un nuevo modo de placer. Mantén la mente abierta.

Después

Si es la primera vez que están juntos, no salten y salgan corriendo, pero sean honestos si tienen que irse. Si estás en tu casa, no hagas algo que la haga sentir no bienvenida.

Tercera parte: En una relación

Capítulo 9: De la cita a la relación

Así que este es el punto en el que sé que te detienes y dices: "Espera un minuto, ¿qué <u>sabes</u> sobre las relaciones? Se trata de coquetear y conocer mujeres".

Bueno, te voy a volar la cabeza. ¿Listo?

Me casé y me divorcié. Y fue una de las relaciones más exitosas de mi vida.

Mi esposa y yo estuvimos casados por siete años, y fueron grandiosos. Y sí, nos divorciamos, y eso fue doloroso, pero como siempre comunicamos, sabíamos que era el momento. Nadie nos engañó, nadie se equivocó; eran sólo dos personas que se dieron cuenta de que querían cosas diferentes.

Gracias a la naturaleza de nuestra relación, pudimos saber cuándo era el momento de dejarlo.

Por lo tanto, sé cómo tener una relación exitosa. Aunque mi matrimonio terminó, no lo veo como un fracaso. Terminó en buenos términos y somos buenos amigos.

El elegido

Entonces, ¿qué pasa cuando llegas a ese punto en el que conoces a las mujeres, pero quieres algo un poco más? Quieres conocer a alguien con quien tener una relación, incluso casarte.

Sucede, y todo es parte de las citas.

¿Qué es ser "El Elegido" para ti?

Necesitas sentarte y averiguar exactamente qué es lo que buscas en una relación. Si no lo haces, podrías fácilmente meterte en algo y despertarte unos años más tarde pensando "¿Cómo diablos llegué aquí?"

Hazte algunas preguntas:

- ¿Estoy listo para ser monógamo?
- ¿Quiero tener hijos?
- ¿Es la religión un problema para mí?
- ¿Tengo tiempo para una relación ahora mismo?
- ¿Tengo planes para el futuro que no quiero cambiar?
- ¿Qué es lo que no estoy dispuesto a aceptar?
- ¿Qué importancia tiene el sexo en una relación?
- ¿Qué es lo que encuentro atractivo y poco atractivo en una mujer?
- ¿Qué valores son importantes para mí en una mujer?

- ¿En qué estoy dispuesto a hacer concesiones en una relación y no?

Evitar a las mujeres que no están bien

Te vas a encontrar con un montón de mujeres que no son adecuadas para ti antes de que encuentres la ideal. La forma más fácil de evitarlas es asegurándote de conocerlas pronto, para no perder el tiempo y las emociones con la chica equivocada.

No seas demasiado crítico, pero sé honesto contigo mismo sobre ella durante la primera cita, o incluso cuando la conozcas. Usa la lista que compilaste para ver si es lo que buscas.

No te concentres en las cosas o renuncies a tus valores fundamentales por una cara bonita, pero habrá un toma y daca. Tienes que decidir cuánto dar para seguir siendo un hombre autosuficiente.

¿Cómo sabes que se está poniendo serio?

Las relaciones son diferentes para todos. A veces se acercan sigilosamente, y para otros, sabían que estaba bien desde el primer momento en que se conocieron. Sin embargo, siempre hay señales que puedes buscar para saber que esto se dirige hacia algo más profundo y significativo.

No logran quitarse las manos de encima

No hablo de sexo porque el sexo es algo que sube y baja en una relación. No siempre estarás de humor, la vida puede causar distracciones, o con el tiempo, empieza a desvanecerse un poco. La lujuria también es diferente. Sin suficientes conexiones aparte de las físicas, no será tan profunda.

Se trata de tomarse de la mano y besarse. O algunos toques juguetones o PDAs. No tienes ningún problema con que el mundo sepa que es alguien que te interesa. Sientes una conexión cuando la tocas, y te gusta.

Confías en ella

Si te dice algo y no tienes ninguna duda de que es verdad, entonces estas moviendote hacia algo más. Cuando uno de ustedes dice que ama a la otra persona y sabe que es verdad, entonces está avanzando.

Quieres compartir tu mundo

Llega un momento en el que todavía eres independiente y tienes tus objetivos, pero quieres que ella comparta el viaje. Pasan más tiempo juntos y se apoyan mutuamente y aplauden las victorias.

Esta cercanía es lo que los dos están creando una vida juntos. No te asustes por eso. Es natural y es parte de cualquier relación en cualquier etapa.

Te sientes más cómodo con ella que con cualquier otra personas

Sigues siendo independiente, pero te sientes cómodo con ella, y es como si te atrapara. Se apoyan mutuamente y simplemente hacen clic.

No quieres estar con nadie más

Llegará el momento en que sólo quieras estar con ella. Todavía puedes apreciar la belleza en otras mujeres así como la sensualidad, pero eso es todo. Apreciación.

Ya no tienes el deseo de tener sexo o incluso de tener discusiones íntimas con otras mujeres. No quieres compartir nada con nadie más, aparte de tu mujer.

¿Adivina qué? **Estás enamorado.**

Capítulo 10: Cómo ser feliz en tu relación

Ser feliz en una relación no es difícil. Hay altibajos, pero mientras se comuniquen y se respeten mutuamente, pueden tener una larga y feliz relación

Comunicación

Hablar con el otro en una relación es vital.

Díganse lo que necesitan y sean abiertos y honestos. No se oculten nada el uno al otro. Esto no significa que tengas que cargarla con todo. Comparte lo que sientes, pero no necesitas ser demasiado sensible y contarle cada pequeño sentimiento.

Sólo sé honesto, respetuoso y cuidadoso.

Escucha

Esto nunca cambia. Necesitas escuchar siempre que estés hablando con una mujer. No importa si es la primera vez que la conoces o tu primera cita. Y esto definitivamente no cambia cuando te metes en una relación.

Ella te dará la información que necesitas para mantenerla feliz, así como a ti mismo. Si no la escuchas activamente, nunca sabrás cuál es esa información.

Sé honesto

Dile lo que necesitas en la relación y cómo te sientes. No digo que tengas que convertirte en una fuente de emociones, de ninguna manera; pero ella necesita saber lo que estás pensando. No es una lectora de mentes.

No guardes secretos

Además de ser honesto, no puedes guardar secretos si quieres comunicarte con éxito en tu relación. No estoy hablando sólo de tus emociones. Tus planes, finanzas, problemas familiares, son cosas que no deberías ocultar conscientemente a tu pareja. Eso no significa que debas decírselo todo de una vez. Más bien, no le ocultes nada a propósito. Y si te sientes mal por no decirle algo, probablemente significa que deberías hacerlo.

Ten paciencia

La comunicación puede ser muy frustrante. A veces es difícil expresar con palabras lo que pensamos y sentimos. Tienes que ser paciente con tu pareja y contigo mismo. De lo contrario, será más difícil sacar todo de una manera coherente.

Presta atención

Busca señales de que algo podría estar mal, o podría estar lidiando con algo. Vigila el lenguaje corporal.

No lo asumas

Conoces el dicho sobre asumir, ¿verdad? Bueno, es un dicho porque es verdad. Cuando asumes, nos haces quedar como idiotas a ti y a mí.

Pregúntale qué está pasando, o qué necesita. Está bien pedir una aclaración. No importa si te pidió que arreglaras algo en la casa o algo que le falta a la relación. Nunca lo asumas.

No te obsesiones con las pequeñas cosas

No te metas con las cosas. Todos tenemos rarezas, y si es algo que realmente te molesta y no puedes vivir con ello, tal vez estás con la persona equivocada. Pero si te metes constantemente, no hará nada más que separarte y causar que la relación se desintegre.

Metas

Planificar las cosas juntos te permite concentrarte en el futuro y te hace más feliz. Puede ser a corto plazo, como un viaje o un evento o, si su relación está más avanzada, algo como comprar un artículo más grande como un barco o una casa o incluso la jubilación.

Esto refuerza su vínculo como pareja y equipo y les permite a ambos saber que están en esto a largo plazo.

Sé dueño de tus sentimientos...

Aprendí un pequeño truco hace mucho tiempo que me ha ayudado inmensamente. Aquí está:

Nadie más puede hacerte sentir nada. Tú eres el que controla tus sentimientos.

Muchas veces tendemos a empezar las frases con "Me haces sentir..." A veces es positivo (me haces sentir feliz, me pones cachondo...) pero a menudo es negativo (me haces sentir frustrado/enfadado/enojado). La verdad es que nadie puede hacerte sentir nada. Hazte cargo de tus sentimientos y de tu reacción. Empieza las frases con "Me siento..."

Hazte cargo de tus errores

Esto es difícil de hacer tanto para los hombres como para las mujeres. Nadie quiere admitir cuando se equivoca o cuando ha cometido un error, pero no ser dueño de sus errores puede dañar tu relación. El resentimiento se acumulará con el tiempo y, con el tiempo, será demasiado para que sobreviva una relación que, de otro modo, sería feliz. Recuerda, ambos son humanos. Ambos cometerán errores. Cuando los cometan, admítanlo para que puedan superarlos juntos y seguir adelante.

Y si tu compañera admite que está equivocada, no digas: "Te lo dije". Es inmaduro, y terminarás durmiendo en el sofá por ello. Y, francamente, no sé si me compadecería de ti por ello.

Pruebas de relación

Dependiendo de dónde estés en la relación, ella puede hacerte pruebas. Hablé de pruebas de conversación en *Cómo Hablar con las Mujeres*, y muchas de ellas se aplican también a las relaciones.

Ella siempre va a probar si estás escuchando, así que acostúmbrate a eso. También podría poner a prueba tu lealtad. Probablemente la mayor será la honestidad.

Puede ser algo en lo que ella te atrapó o incluso te tendió una trampa para ver si dices la verdad, pero las mujeres tienden a probar constantemente tu honestidad. Es porque la honestidad se conecta con muchas otras cosas: lealtad, fidelidad y confianza. Por lo tanto, pueden saber si te estás desviando.

La conclusión es ser honesto y reconocer lo que has hecho. Si realmente te preocupas por ella, lo peor que has hecho es dejar la leche fuera. Tienes una mujer maravillosa, no lo estropees.

Capítulo 11: Cómo mantenerla interesada y dentro de ti

Hay diferentes cosas que van a mantener a las mujeres interesadas en las primeras etapas versus cuando se ha desarrollado una relación. Sin embargo, algunas cosas siempre van a ser verdad.

Mantener la relación vital

Mantente saludable

De repente, pasas más y más tiempo con alguien que realmente te gusta. Tal vez empiezas a saltarte el gimnasio unas cuantas veces y eventualmente dejas de ir. Incluso puede que se hayan ido a vivir juntos y estén disfrutando de ese período de anidación.

Entonces un día te despiertas y te das cuenta de que has ganado más de 20 libras, tu ropa no te queda bien, y tu nueva chica no te mira igual.

Es natural cambiar las prioridades cuando se inicia una relación. De repente, tienes algo que está luchando por la primera posición en tu vida. No puedes permitir que tu propia salud y apariencia sufran.

Necesitas cuidarte, obviamente por tu salud y bienestar, pero eso también fue parte de lo que la atrajo a ti. Ese impulso de estar en forma la hizo querer conectarse contigo. Si pierdes eso, estás cambiando y aunque ella puede amar el interior, no puedes discutir contra la atracción que ella está perdiendo.

Parte de ser un hombre de éxito es cuidar de tus propias prioridades, y esta es una de ellas, incluso en una relación.

Deja algo de misterio en tu vida

¿Has hablado alguna vez con una pareja de ancianos casados y uno de ellos dice algo como de que todavía aprende cosas nuevas sobre ella cada día?

Sí, es muy lindo, pero dice mucho sobre el misterio de las relaciones. No necesitas compartir cada detalle con ella. Especialmente en los primeros días, guarda algunas cosas. Hazla pensar en lo que hace y luego rellena los espacios en blanco. Hablo más de esto en **Cómo Hablar con las Mujeres**.

Hay otra área en la que mantener un poco de misterio en tu vida puede ayudarte. Una vez que te sientas cómodo con una mujer o te mudes con ella, las barreras caerán. Algunas de estas barreras, sin embargo, deben mantenerse.

Cierra la puerta del baño. En general, trata de mantener tus funciones corporales fuera de la vista, el olfato y el oído.

Comunicación

Habla con ella y no sólo sobre la relación. Mantén tus conversaciones interesantes y desafiantes. Usa tu interés común para generar ideas y debates.

No sólo estén juntos, haganlo juntos

Salgan y encuentren algunas cosas regulares que puedan hacer juntos y que los desafíen. Aprender nuevas habilidades, tomar una clase o participar en un concurso. Pero hagan cosas que los desafíen a trabajar juntos y a tener éxito como equipo.

Viajar juntos y descubrir nuevos lugares. Averigüen dónde ninguno de los dos ha ido nunca y descubran ese lugar juntos.

Apóyala

Cuando se sale con alguien durante un período de tiempo más largo, la vida puede pasar. Pueden sufrir fracasos, pérdidas, muertes y tiempo de inactividad general. Va a necesitar tu apoyo.

Como chicos, siempre intentamos intervenir y salvar la situación. Es natural para nosotros, parte del protector primario en lo profundo del cerebro de nuestro cavernícola.

Pero en muchas de estas situaciones, no podremos hacer nada, para que ella haga, para que se ejercite o se aflija, y todo lo que puedes hacer es apoyarla.

Esto profundizará sus conexiones entre sí y comenzará a crear un verdadero vínculo que puede ser construido. Ayudará a recordarle por qué se enamoró de ti en primer lugar.

Mantén tu relación activa

Cuando estás con alguien que te gusta, hay una tendencia a acurrucarse en el sofá o en la cama y nunca hacer ninguna de las cosas que solías disfrutar. Cuando esto sucede, la gente puede aburrirse y comenzar a dudar de su relación. No se trata de la persona; se trata de tener a alguien con quien darse un atracón en los programas de televisión.

Esto puede ser peligroso y causar un estancamiento en tu relación. Un día uno de ustedes podría sentarse y preguntarse qué han hecho con su vida. No dejen que esto suceda asegurándose de que todavía salgan a tener una vida. Asegúrate de que ella conozca a tus amigos y tu a los suyos. Organicen noches de citas y salidas en grupo.

Asegúrate de que disfrutes descubriendo el mundo juntos y haciendo cosas. Seguirá fortaleciendo un vínculo de por vida.

Trampa

¿Por qué engañan las mujeres?

No es feliz sexualmente

Esto no significa necesariamente que no esté contenta con la cantidad de sexo que estás teniendo (aunque podría ser un problema). Puede tratarse de una situación en la que no sienta que prestas atención a sus necesidades o no sienta que el sexo está funcionando bien aunque te quieran de verdad.

En una relación a largo plazo, es normal que el nivel sexual aumente o disminuya. Si una mujer siente que la "chispa" se ha ido de la relación, es más probable que ceda a la tentación externa. Incluso puede que ya te haya dejado mentalmente y esté usando esto como una verdadera razón para romper. Es una forma de hacerlo más fácil porque se hizo algo real. Está tratando de forzarte a romper con ella.

También es posible que no seas suficiente para ella. A los hombres siempre se les dice que no piensan en nada más que en el sexo, pero hay mujeres que, si no tienen suficiente sexo de la manera que necesitan, se irán a otro lugar para satisfacer sus necesidades.

Problemas de comunicación

En cualquier momento en que una mujer (y un hombre, para el caso) no sienta que su pareja le está escuchando o que realmente entiende lo que está pasando, puede recurrir a otro hombre. En realidad hay un término para esto llamado "aventura emocional". "Puede que ni siquiera tenga relaciones físicas con otro hombre, pero está compartiendo todas sus emociones y sentimientos íntimos con él. Esas son todas las cosas que solía compartir contigo. Honestamente, si ella está haciendo eso, entonces el sexo con él no está muy lejos de suceder.

Venganza

¿La engañaste? Bueno, puede que esté intentando igualar el marcador.

Puede que ni siquiera hayas confesado, pero puede que ella lo haya descubierto. Puede que lo vea como una especie de jugada para nivelar el campo de juego.

Puede que ni siquiera sea un engaño. Algunas personas pueden tener una forma deformada de ver las cosas. Puede que le hayas mentido sobre salir con tus amigos. Para ella, es justo engañarte porque tú también hiciste algo malo.

Mis querido amigo... esta no es una relación saludable, y tal vez quieras prestar especial atención al capítulo final de este libro.

Es una chica, no una mujer

Podría ser inmadura y no debería haber estado en la relación para empezar. Si no entiende lo que significa ser fiel y querer tener eso en una relación, entonces va a hacer cosas que están mal y son autodestructivas.

Cuestiones no resueltas

Tal vez ha sido engañada por ex-novios, o tal vez fue testigo de que uno o ambos padres se engañaron. Tal vez algo en su pasado la ha hecho sentirse tan insegura que no está lista para una relación monógama. No importa cuál sea la razón, probablemente es mejor que trabaje en sí misma antes de entrar en una relación seria. No es justo para ninguno de los dos.

¿Cuáles son las señales de que ella podría estar engañándote?

¿Te acusa constantemente de hacer cosas que no haces? ¿Dice que la engañas cuando es lo más alejado de tu mente?

La gente tiende a acusar a otras personas de cosas que ellos mismos están haciendo o pensando hacer. Si siempre te está acusando de engañar o de mirar a otras mujeres y no lo haces, existe la posibilidad de que esté tramando algo.

Está tratando de quitarse cualquier sospecha y crearla en ti. De esta manera puede desviar cualquier acusación porque se mantiene a la defensiva.

Ella es juiciosa

¿Se siente como si estuviera buscando cosas que están mal entre ustedes dos? Podría estar buscando una validación de sus acciones, o podría ser la culpable. De cualquier manera, las acciones fuera de lo común son una señal de que algo está pasando.

Las cosas son geniales

Si de repente todo es asombroso, no peleas y hasta tienes un gran sexo pero no estás seguro de cómo llegaste a ese punto, podría estar pasando algo más.

De repente, se ve muy bien

Si tu mujer de repente se viste mejor, empieza a ir al gimnasio o a usar maquillaje o joyas nuevas, es muy probable que no sea por ti.

Ella no viene a ti para discutir...

Si de repente no te habla tanto o no expresa sus necesidades de comunicación, algo podría pasar. Significa que está hablando con alguien y más vale que sean sus amigas.

De repente es protectora y reservada

Si coge su teléfono y no te deja verlo o recibe mensajes o llamadas telefónicas que la hacen actúar de forma extraña, algo podría pasar.

Ella te acusa de hacer trampa

A menudo, los tramposos, tanto hombres como mujeres, proyectan sus fechorías sobre su pareja para aliviar parte de su culpa. Si empieza a acusarte de engañarla de la nada, si de repente tienes problemas para salir con tus amigas, o si se vuelve paranoica porque está cerca de alguna mujer, tal vez quieras empezar a hacerle las mismas preguntas que te ha estado haciendo a ti.

Ya sabes

Tal vez ya no tienes sexo. O ella no te habla. O la chispa se ha ido. No significa que te esté engañando, pero si no viene a ti con problemas, hay una posibilidad de que esté demasiado comprometida con su nuevo amante para que le importe.

No entres a acusar, sino busca mentiras y pruebas concretas.

Capítulo 12: ¿Cuándo se acaba?

Las relaciones son geniales cuando funcionan, pero puede llegar el momento en que las cosas no sean lo que solían ser. Y tienes que tomar la decisión... ¿se ha acabado?

Haciendo un balance de tu relación

Si estás empezando a sentir que una relación no está funcionando, debes dar un paso atrás y mirarla con la cabeza despejada. Si es necesario, haz una lista (pero no te sugiero que se la muestres a tu novia).

Pregúntate lo siguiente:

¿Se están satisfaciendo sus necesidades?

Cuando una relación funciona, ambas personas sienten que se les escucha, respeta y cuida. A medida que progresa, esto puede cambiar.

Si sientes que tus necesidades, ya sean emocionales o físicas, no están siendo satisfechas, entonces algo está mal. Tienes todo el derecho a ser feliz en una relación, y si no consigues lo que necesitas, tienes que decir algo.

Sé honesto y tranquilo, comprendiendo que ella podría no haber sabido lo que necesitabas. ¿Necesitas más tiempo y una mejor comunicación? ¿Necesitas más sexo? ¿Necesitas más interacción o menos? Cada relación es diferente.

Si has comunicado tus necesidades y aún no están siendo satisfechas, entonces necesitas reexaminar dónde están los dos.

¿Estas empezando a buscar en otra parte?

Cuando algo bueno te sucede, la primera persona con la que deberías querer compartirlo es tu pareja en la relación.

¿Pero qué pasa si descubres que no te entusiasma tanto compartirlo con ella y prefieres decírselo a otro amigo, compañero de trabajo u otras mujeres?

Es una señal obvia de que las cosas no son lo que eran antes. Incluso más que eso, te encuentras pensando en la satisfacción sexual de otras mujeres. Ahora bien, si bien es normal que un hombre mire a otras mujeres y lo disfrute, si estás empezando a fantasear e incluso considerando buscar otras relaciones, es hora de terminar la que tienes.

¿Apoyan otras personas la relación?

El amor es ciego. Si estás totalmente enamorado de alguien, el mundo gira sobre ello y nada más importa, incluyendo las opiniones de la familia y los amigos.

Pero si has señalado cosas como la forma en que te trata o sus actividades o actitud, puede ser bueno escucharla con una mente abierta. Si no tiene opiniones, esto también dice mucho. ¿Cuántas veces has oído a alguien hablar de lo que no le gustaba de una de las novias de tus amigos después de que se separan y el tipo pregunta por qué no me lo dijiste?

Aquí hay un truco. Pregúntale a tu madre qué piensa de tu novia. Las madres tienen una increíble habilidad para juzgar a las mujeres. También son muy buenas para ser honestas cuando se les pide que lo sean.

¿Son más diferentes el uno del otro de lo que pensaban?

Después de un tiempo, van a empezar a aprender todo sobre el otro. Algunas cosas son normales que sean diferentes. Puede ser que sea vegetariana; puede ser políticamente diferente o religiosamente diferente. Estas son cosas que pueden ser trabajadas. A veces.

Si son cosas que van a causar grandes desacuerdos (o ya lo hacen), entonces necesitas considerar si tienes un futuro. ¿Y si tú quieres tener hijos pero ella no? Ella podría ser extremadamente liberal políticamente mientras que tú eres conservador. ¿Esto es algo con lo que ustedes dos podrían vivir o va a llevar a constantes peleas?

Al principio de una relación o una cita, puede que no sea gran cosa, pero a medida que te adentras en la relación, y consideras si puede ser algo a largo plazo, adquiere un significado diferente.

¿Con qué frecuencia peleas?

Todas las parejas tienen sus desacuerdos y peleas. Pero si se pelean un par de veces a la semana, entonces algo está mal. Si empiezas a alejarte de ella porque no quieres pelear, algo está muy mal.

¿Estás siendo honesto contigo mismo?

Si tienes que convencerte de que salir con ella es lo correcto, entonces hay un problema definitivo. Las relaciones requieren trabajo, pero no deberías tener que mentirte a ti mismo para seguir en ellas.

Puede ser su comportamiento y la forma en que te trata o puede ser que simplemente estés mintiendo sobre tus sentimientos. Puede que esté en diferentes lugares. Puede que esté enamorada de ti, pero no te ves llegando a ese punto con ella.

Puede que incluso hayan hablado de matrimonio, y uno de ustedes piensa que es ahí para donde se va, pero el otro no lo ve así. Se lo debes a ella y a ti mismo, el ser honesto.

¿Romper suena como una mala idea?

Si estás pensando las cosas y empiezas a imaginarte cómo sería la vida sin ella, entonces empieza a sonar como si ya hubieras tomado tu decisión. Si estuvieras realmente enamorado y en una relación sana, trabajarías los problemas en tu cabeza y buscarías la manera de arreglarlos para que ambos sean felices.

Pero si tu mente está vagando hacia pensamientos de libertad, entonces realmente necesitas considerar terminarla.

¿Te sientes incómodo siendo honesto?

Si no confías en tu novia, para ser honesto sobre tus sentimientos o lo que está pasando en tu vida, algo está definitivamente mal.

Una vez que empiezas a ocultarle cosas, es un corto camino a la mentira, y en ese punto, tu relación está oficialmente terminada.

No hay razón para irse, no hay razón para quedarse

Digamos que has respondido a las preguntas anteriores y que todas ellas parecen ser normales para una relación sana, excepto una: ¿Romper suena como una mala idea? Te detienes un momento, y cuanto más piensas, más te atrae la idea de romper. Te hace sentir más libre, y empiezas a imaginar todo lo que harías sin ella... pero luego empiezas a sentirte culpable. No estás peleando, nadie te engaña, no hay nada malo en la relación, ¿verdad? No hay razón para irse, así que ¿por qué crear todo ese dolor y drama?

Tenía un amigo que estuvo en una relación durante cinco años. Por fuera, parecían una pareja perfectamente feliz y sin quejas. Entonces ella recibió una oferta para trabajar como profesora de inglés en Brasil, pero su trabajo no le permitía seguirla. Por lo que nos dijeron, la dejó ir sin problemas. En lugar de intentar hacer que las cosas funcionen a distancia, decidieron tomar un descanso.

El cambio de mi amigo fue casi instantáneo. De repente parecía más feliz y más relajado. Estaba más comprometido cuando salíamos, y su risa era más fuerte de lo que había oído en mucho tiempo. Ni siquiera había notado lo diferente que había sido hasta que empezó a volver a ser normal. Cuando le pregunté qué había pasado, me confió que no había sido feliz en su relación en mucho tiempo. Había pensado en irse, pero no pudo encontrar una "buena" razón, así que decidió que era mejor quedarse. Pero se había sentido miserable, aunque no se lo hubiera mostrado a nadie, ni siquiera a su novia. Ahora que la relación había terminado con un mínimo de resentimiento, se sentía como su antiguo yo otra vez.

Mi amigo aprendió una importante lección de la forma más difícil: no tener una razón para irse no es una razón para quedarse. Si no estás satisfecho en una relación y sientes que serías más feliz sin ella, necesitas al menos hablar con tu pareja sobre esto. Es posible que puedas averiguar por qué te sientes así y trabajar en ello o darte cuenta de que, en efecto, es hora de seguir adelante. No quieres ser como mi amigo, miserable en una relación durante años sólo porque no se te ocurre ninguna razón para dejarla.

¿Cómo se puede romper?

Entonces, ¿cómo lo haces?

Nunca es fácil. Incluso cuando mi esposa y yo nos divorciamos, no fue fácil y a pesar de ello comunicamos bien, y ambos sabíamos que era el momento.

Nunca lo hagas por texto o correo electrónico

No sólo es grosero e irrespetuoso, no creas que te vas a salir con la tuya. Le dirá a cada una de sus amigas exactamente cómo lo hiciste, y no será amable.

Dependiendo de la situación, podría hacerlo por teléfono, pero aún así no saldrás tan bien como esperabas. La mejor manera de hacerlo es en un lugar público y hablar como dos adultos.

No la asustes

Es un nuevo fenómeno en el que la gente desaparece sin explicación. No llaman, no devuelven mensajes de texto o correos electrónicos, ni siquiera dejan saber que pasó y bloquean a otros en las redes sociales.

Esta es una forma hiriente de romper y, honestamente, creo que deberían quitarte tu tarjeta de hombre si lo haces. Es inmaduro y va en contra de todo lo que hemos discutido sobre la masculinidad.

Toma tu decisión y sé sincero con ella. Va a doler, pero pronto terminará.

Hazlo en el momento adecuado

Aunque no quieras alargarlo, sé considerado cuando lo hagas. No rompas con ella en un día festivo importante o en su cumpleaños o incluso después de una gran pérdida en su vida. Además, no lo hagas por la mañana si tienes que ir a trabajar.

Asegúrate de hacerlo en un lugar sin distracciones o de alto perfil donde la gente no conozca a ninguno de los dos.

No esperes hasta después del sexo

Algunos hombres hacen esto pensando que "suavizará el golpe". No lo hagas. En serio, no lo hagas. Es un movimiento sórdido y probablemente te hará que te lancen un tacón de aguja a la cabeza. Ten algo de clase.

No esperes demasiado tiempo

Si la arrastras y te permites estar más molesto o enfadado con ella, lo vas a poner feo. Otras cosas empezarán a salir, y podría convertirse en una pelea desagradable e interminable. Cuando sepas que se ha terminado, termínalo.

No seas vago

No digas cosas como que tal vez un día lo resolverás, o incluso que podrías pensarlo dos veces. Estás tomando una decisión, así que sé decidido. No es justo dejarle una puerta abierta si no lo dices en serio. El cierre es bueno para ella y para ti.

"Podemos ser amigos"

La amistad después de una ruptura es muy difícil, incluso cuando se tiene un pasado y una historia compartida. Si está destinado a ser, no puedes forzarlo, y lleva tiempo. Incluso sin una larga historia, tomó un poco de tiempo antes de que mi ex-esposa y yo fuéramos amigos, pero una vez que lo hicimos, fue una buena elección.

Así que ahora no es el momento de sugerirlo, sólo concéntrate en la ruptura, y si están destinados a ser amigos, vendrá más tarde.

Algunas mujeres también consideran que el "ser amigos" es tratar de mantener la puerta abierta para el sexo o "amigos con beneficios". Es mejor evitar este enredo y no hacerla pensar que eso es lo que estás sugiriendo.

Recuerda, ella va a transmitir toda esta ruptura a sus amigos, y una versión de la misma comenzará a circular. No quieres darle municiones.

Sé honesto

Dile la verdad si pregunta. No tienes que ser malo o cruel, pero le debes honestidad. Si no te sientes bien en la relación, díselo. Si ya no estas enamorado de ella, házselo saber. No será fácil de escuchar, pero ella apreciará la honestidad mucho más que una respuesta sin sentido.

Y una vez que se lo hayas dicho, tienes que ceñirte a tu respuesta. Ella puede tratar de negociar, cambiar de opinión, decir que puede cambiar, pero si has llegado a este punto, sabes que tus sentimientos son reales. Hazle saber que esto no fue algo en lo que hayas entrado a la ligera. Te preocupas por ella sin importar lo que pase y has pensado mucho en la decisión.

Mantén las cosas para ti mismo

Por supuesto, le dirás a la gente que rompiste, pero los detalles no son realmente asunto suyo. Sé amable, no hables mal de ella, y sigue adelante. La gente se dará cuenta, incluyendo las mujeres con las que hables en el futuro. Se darán cuenta de que no hablas mal de tu ex, y te pondrán en mejor situación con ellos.

Sé un hombre… no hagas trampas

Parte de ser un hombre es ser maduro y responsable, y los hombres maduros y responsables no hacen trampas. Un hombre maduro hace un balance de la situación, es honesto y asume la responsabilidad y termina la relación antes de empezar otra.

No sólo estás siendo un asqueroso (justamente es en lo que hemos estado trabajando para no serlo por un tiempo) sino que no estás siendo justo contigo mismo. Tienes que tener claro lo que quieres, y si te estás escabullendo a escondidas a tus espaldas, entonces no es posible.

Recuperándote de la ruptura

Hay un viejo dicho que dice que necesitas un mes de recuperación por cada año que estuviste en una relación. No sé si eso es cierto, pero te llevará algún tiempo dependiendo de lo profunda y larga que haya sido la relación.

No te dejes llevar por el miedo. Puede que al principio te hayas alegrado de la separación; puede que te cuestiones tu decisión o que te deprimas por haber encontrado a la persona equivocada. No dejes que te deprima.

No recurras al sexo para aliviarte. No te vayas de juerga sexual en Tinder. Sé inteligente. Además, no recurras a la bebida si estás herido.

Recuerda cuidarte durante este tiempo. Será tentador recurrir a cualquier cantidad de conductas adictivas, incluyendo drogas y comer en exceso, así como recurrir a los malos hábitos o a las viejas novias. Incluso podrías caer en un ataque de depresión y dejar que ciertas partes de tu rutina diaria se pierdan. Haz lo mejor que puedas para mantener tu autocuidado. Te ayudará a sentirte mejor más rápidamente.

Sólo date un tiempo para descansar antes de volver a salir. Sabrás cuánto tiempo necesitas.

Puede que decidas que quieres volver a intentarlo con ella, y a veces eso funciona. Sólo asegúrate de que lo haces por las razones correctas. Repasa tu lista de nuevo y recuerda por qué la hiciste. Si realmente crees que te equivocaste, repasa la lista otra vez. Si todavía crees que te equivocaste, tal vez deberías llamarla.

Pase lo que pase, encontrarás el amor de nuevo porque sabes cómo ser atractivo para las mujeres.

Un último recordatorio antes de la conclusión

¿Has cogido tu recurso gratuito?

Se ha cubierto mucha información en este libro. Como ya he compartido anteriormente, he creado un sencillo mapa mental que puedes utilizar _inmediatamente_ para entender, recordar rápidamente y utilizar fácilmente lo que has aprendido en este libro.

Si no lo has cogido...

Haga clic aquí para obtener tu recurso gratuito

Alternativamente, aquí está el enlace:

https://viebooks.club/recursogratuito-mapamentaldecomoatraeralasmujeres

Conclusión

Entonces, ¿cómo te sientes? ¿Ves cómo puedes cambiar tu vida y ser atractivo para las mujeres?

No es un secreto loco o sobre poner una fachada falsa. Se trata de confianza, de ser genuino y honesto observando y escuchando lo que te rodea.

Cuando descubrí todo esto, cambió mi vida, y ha significado el mundo para mí poder compartirlo contigo. Sé que ahora tendrás mejores experiencias con las mujeres y una vida más feliz y plena. Ha significado mucho para mi el haber podido compartir todo esto.

Usa este libro como guía siempre que lo necesites para seguir avanzando en tu crecimiento en la interacción con las mujeres. Vuelve a él para responder preguntas o cuando necesites ayuda con problemas específicos.

Te insto a que también escojas ***Cómo Coquetear con las Mujeres*** y ***Cómo Hablar con las Mujeres*** si no lo has hecho ya. En esos libros, profundizo en los detalles de cómo coquetear y tener conversaciones, formas geniales de iniciar conversaciones, y cómo captar las señales. También profundizo en la presentación y otros aspectos de las citas.

Recuerda siempre mantener la mentalidad correcta y tener confianza.

Buena suerte ahí fuera.

Sinceramente,

Ray Asher

P.D.

Si has encontrado este libro útil de alguna manera, una reseña en Amazon es muy apreciada.

Esto significa mucho para mí, y te estaré muy agradecido.

Notas

[1] Thomas M. M. Versluys y William J. Skylark.
"El efecto de la relación pierna-cuerpo en el atractivo masculino depende de la validez ecológica de
las figuras". *La Sociedad Real* (2017)

[2] Reed, J. Ann y Blunk, Elizabeth. "La influen-
cia del vello facial en la formación de la impresión". *Comportamiento social y personalidad:
Una revista internacional. Volumen 18, número
1* (1990): 169-175.

Más libros de Ray Asher

Cómo Coquetear con las Mujeres: El Arte de Coquetear Sin Parecer un Loco Desesperado! Cómo Acercarse, Hablar y Atraer a las Mujeres (Consejos De Citas para Hombres)

Cómo Coquetear Con Cualquier Mujer Con Éxito - <u>La Guía Definitiva</u>

¿Estás descontento con tu vida amorosa?

¿Anhelas la atención femenina y el sexo, pero no los obtienes?

¿Secretamente te sientes poco atractivo por algunos rechazos que has enfrentado en el pasado?

Si quieres dejar todo esto en tu vida, entonces sigue leyendo...

Las investigaciones muestran que la mayoría de las mujeres, incluso las que parecen duras, buscan secretamente el romance.

Pero no importa cómo te veas, cuánto dinero tengas, o cuán musculoso sea tu cuerpo... si no sabes **cómo <u>coquetear</u> con las mujeres,** aparecerás como:

- Necesitado
- Desesperado
- Aburrido
- Con una falta de inteligencia social
- Simplemente ...poco atractivo.

El coqueteo es el arte de la charla trivial. Incluye mucha diversión, habilidades de conversación fluida y una gran inteligencia social. De hecho, con las palabras correctas, la tonalidad correcta, y el "acercamiento" correcto - puedes hacer que CUALQUIER mujer se sienta altamente atraída por ti.

En este libro, **Ray Asher te mostrará cómo coquetear como un profesional**.

Ray Asher solía ser un adolescente introvertido que no tenía el valor de acercarse a las chicas. Empezó a salir con una chica que le gustaba en la universidad, sólo para descubrir que ella lo engañaba regularmente. Su dolor lo llevó a salir cada día y cada noche, a hablar con las mujeres y a descubrir qué las atrae. Después de miles de rechazos, unas pocas "amigas con beneficios" y muchas notas - descubrió el poder del coqueteo, y decidió compartir su conocimiento con cualquier hombre que desee ser bueno con las mujeres.

Este libro es la guía más completa que se ha escrito sobre el coqueteo.

Aquí tienes una muestra de lo que descubrirás dentro de *Cómo Coquetear con las Mujeres:*

- Exactamente qué decir para tener una conversación coqueta y divertida
- Trucos de tonalidad que te hacen parecer seguro, divertido y carismático
- Cuatro principios cruciales de coqueteo que funcionan para todas las mujeres de todas las culturas
- Cómo crear un marco de "líder" en cada conversación que tengas con las mujeres, y hacer que te respeten

- Las palabras y gestos EXACTOS que impresionan a las mujeres
- Cómo enviar un mensaje de texto a una chica y cómo coquetear online (con consejos detallados para cada red social)
- Técnicas para hablar con las mujeres en diferentes lugares y situaciones sociales (en el trabajo, en los viajes, en los restaurantes, en los mercados de agricultores, etc.).

Y mucho, mucho más...

P: "¿Pero ¿cómo puedo estar seguro de que este libro funcionará para mí?"

La información de este libro fue escrita a partir de la experiencia, y se demostró que funcionaba para personas de todo el mundo. El coqueteo es simplemente una forma de transferir emociones sexuales, puede funcionar en cualquier idioma con cualquier mujer. Los lectores que han probado la información de este libro quedaron impactados al ver lo efectivo que es, incluso aquellas vírgenes y aquellos que nunca se acercaron a una mujer antes. Si ellos pueden hacerlo - ¡Tú también puedes! ¡Sólo compra el libro, lee la información y EJECUTA!

Si estás listo para aprender finalmente el arte de coquetear con las mujeres y convertirte en un chico atractivo, ahora es el momento.

Cómo Hablar con las Mujeres: Consigue que Le Gustes Sin Esfuerzo, con una Conversación Divertida y ¡Nunca Te Quedes Sin Nada que Decir! Cómo Acercarse a las Mujeres (Consejos De Citas para Hombres)

Descubre Cómo Dominar el Arte de la Conversación, Comprometerte Sin Esfuerzo y Conectar Profundamente con las

Mujeres y Mejorar Drásticamente Tus Citas!

¿Cansado de congelarte cuando estás cerca de una mujer atractiva con la que quisieras hablar?

¿Sueles quedarte sin cosas que decir cuando hablas con una mujer, sólo para ver cómo pierde lentamente el interés?

Si quieres dejar todo esto en tu vida, entonces sigue leyendo...

Aprender a hablar con las mujeres sin esfuerzo y conseguir que se abran a ti es una habilidad que muy pocos hombres tienen y pueden abrir un mundo que no sabían que existía.

Es más probable que las mujeres te hagan favores e incluso que salgan contigo si sabes cómo conectarte adecuadamente con ellas.

Y no tiene por qué ser difícil.
En esta poderosa guía, Ray Asher condensa sus años de luchas, pruebas y errores y su eventual

descubrimiento de los secretos de como conectarse profundamente con las mujeres usando el poder de la conversación para ayudarte a traer a tu vida el tipo de mujeres que deseas.

***Cómo Hablar con las Mujeres*, el único libro que necesitarás para conectar con las mujeres a un nivel que nunca antes habías experimentado.**

Aquí tienes una muestra de lo que descubrirás dentro de *Cómo Hablar con las Mujeres:*

- Los 4 temas de conversación seguros que son universalmente atractivos para las mujeres
- 5 maneras infalibles de tener conversaciones memorables con mujeres
- Consejos sencillos para evitar que una mujer se apague con "explicaciones de hombres"
- Una plantilla de conversación efectiva para que nunca te quedes sin cosas que decir

- 10 poderosos consejos de escucha para hacer que una chica se sienta completamente comprendida por ti
- Métodos fáciles para hacer que ella hable de temas sexuales contigo
- Cómo superar la pequeña charla y entrar en una conversación profunda con una mujer
- 6 temas a evitar como la peste en una conversación con una mujer que te interesa
- Cómo contar una historia increíblemente buena que la haga aferrarse a cada una de tus palabras
- Consejos profesionales para ayudarte a pedirle cualquier cosa sin problemas

Y mucho, mucho más...

Ya sea que no tengas ni idea de lo que significa para las mujeres o que quieras mejorar tus habilidades de conversación con ellas, esta guía te ayudará a comenzar el camino hacia una versión más encantadora y atractiva de ti mismo.

Si estás listo para aprender finalmente a hablar con las mujeres sin esfuerzo y atraerlas sin sudar y despedirte de la timidez abrumadora, ahora es el momento.